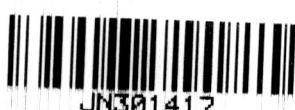

# 地方交付税と地方分権

河野惟隆
［著］

Local Grant Tax
and
Local Decentralization

税務経理協会

# はしがき

## 本書の目的

本書の目的は，現行の地方交付税を明らかにし，これに代替するものとして提唱されている地方分権論を検討することである。この課題を果たすために，本書では，地方分権を提唱している諸論稿を検討することとし，その際に，現行の地方交付税に関するそれらの諸論稿の見解を検討することにする。

結論から先に言えば，現行の地方交付税の基本的特徴は，地域間所得再分配により，全国同一水準の地方公共サービスを実現することにある。受益と負担は各地域で一般には乖離している。したがって，受益と負担の各地域での一致を目的とする地方分権の実現は，地方交付税を廃止し，そのための財源の国税を地方税に移譲する，ということになる。地域間所得再分配は行わず，地方公共サービスも，全国同一ではなく，地域間で異なることになる。

地方分権を提唱している諸論稿は，現行の地方交付税に関して，そのための財源の国税に，具体的には，国税の地域格差に，着目せず，したがって，現行の地方交付税に関する基本的特徴を意識的に明示化しておらず，つまり，現行の地方交付税が，地域間所得再分配により，全国同一水準の地方公共サービスを実現している，ということを意識的に明示化していない。その限りで，それら諸論稿の地方分権論は，現行の地方交付税に対する対案としては，その是非はさておき，徹底していないように思われる。

本書では，国庫支出金も，地方交付税と二者択一的なものとして異なるものではなく，地域間所得再分配により全国同一水準の地方公共サービスを実現する，という点において，地方交付税と同じ性格を持ち，しかし，両者は，国庫支出金でも不足する分を地方交付税が補填する，という順序関係にあり，したがって，地方交付税が国庫支出金を包含する，という包含関係にある，と考える。かような包含関係にあることから，地方交付税を論ずれば国庫支出金についても論ずることになるので，本書では，地方交付税を主として論じ，国庫支出金は副次的に論ずることにする。

## 地域間所得再分配と全国同一水準地方公共サービス

現行では，一方で，国税と地方税との比率を２対１とし，他方で，歳出の比率を国と地方とで逆に１対２とする，というように制度化されている。この比率のかい離あるいはギャップを埋めるために，地方交付税と国庫支出金とを機能させているのではなく，これとは逆に，現行の地方交付税と国庫支出金との目的を実現するために，比率のかい離あるいはギャップが存在せしめられているのである。仮に，前者が正しいのならば，各地域で徴収した国税と同額を，それぞれ各地域に，地方交付税と国庫支出金として，交付すれば事足りるが，いわば返却すれば事足りるが，そのような無意味な迂回的な交付は行っていない。次のように交付している。

基準財政収入額は，各地域の経済力が高くなるにつれて，大きくなり，基準財政需要額は全国一律なので，したがって，各地域の経済力が高くなるにつれて，後者から前者を差し引いた後の残額の，財源不足額は小さくなり，他方，地方交付税のための国税は大きくなり，結局，地方交付税が財源不足額に充当されることによって，つまり，住民が国税を相対的に少なく納付した地域の地方公共団体には，その国税を超過して地方交付税を交付し，逆は逆，にして，地域間所得再分配が行われ，全国一律の基準財政需要額が充足され，全国同一水準の地方公共サービスが実現されている。

国庫支出金は全国一律に交付されるが，そのための国税には，各地域の経済力の格差を反映して，地域格差があり，したがって，その交付が，地域間所得再分配を随伴している。

標準団体において単位費用を算出する際に，文字通り，必要な費用から，国庫支出金を差し引き，その残額を測定単位で除した結果を単位費用としており，結局，地方交付税は，国庫支出金でも不足する分を補填する，という関係にある。このような順序関係の下で，地方交付税と国庫支出金とは，両者相俟って，地域間所得再分配によって全国同一水準の地方公共サービスを実現しているのである。

仮に，地方公共サービスの具体的な決定を，国が中央集権的に行うのではなく，各地方公共団体がそれぞれ行う，というように，制度化し，その際に，地方公共サービスの水準は全国同一にする，というように制度化する，とすれば，国税は地方税に移譲せず，国税と地方税の比率は例えば２対１で，歳出の比率は逆に国と地方で１対２とする状態を保持したままで，地方公共サービスの水準は全国同一にするように，地方交付税と国庫支出金の補助金を交付する，ということになる。

地方公共サービスの具体的な決定を，国が中央集権的に行うのではなく，各地方公共団体がそれぞれ決定する，としても，国税は地方税に移譲し，国と地方の，税収の比率と歳出の比率のかい離を解消するような地方分権では，地域間所得再分配が行われず，地方公共サービスの水準は全国的に相異なるものとなり，具体的には，経済力の高い地域ではかような地方分権の実現によって，地方公共サービスの水準が高くなり，逆は逆，である。

## 地方分権の地方とは

地方公共団体の地方とは，国の政府に対する概念であり，いわゆる中央対地方という場合の地理的な概念ではない。東京都も地方公共団体の地方である。国が地方交付税と国庫支出金とを交付する対象の地方公共団体の地方には，現実に交付されるか否かは別にして，東京都などの経済力の高い大都市の地方公共団体も含まれる。

地方分権の地方とは，国の政府に対する概念であり，いわゆる中央対地方という場合の地理的な概念ではない。東京都という地方公共団体も地方分権の地方である。東京都という地方公共団体には，現在，地方交付税が交付されていない。地方交付税を廃止し，そのための財源の国税を地方税に移譲して，地方分権を推進することにすると，東京都という地方公共団体は，地方交付税を受けていないものの，東京都という地域の住民が地方交付税のために納付していた国税が，東京都という地方公共団体が徴収する地方税に移譲され，その移譲された地方税を，それまで全く使用不可能であったものが，まるまる使用でき，東京都という地方公共団体は地方分権を推進できることになる。

東京都という地方公共団体は，現在，国庫支出金を交付されている。国庫支出金を廃止し，そのための財源の国税を地方税に移譲して，地方分権を推進することにすると，東京都という地域の住民が国庫支出金のために納付していた国税は，東京都という地方公共団体が徴収する地方税に移譲され，その移譲された地方税を，しかも，それまで交付されていた国庫支出金を超過して移譲される金額を，東京都という地方公共団体は，使用でき，地方分権を推進できることになる。

地方分権論の諸論稿では，地方分権の地方に，東京都などの経済力の高い大都市の地方公共団体が，暗黙裏に含まれておらず，遡及して，現行の地方交付税と国庫支出金が交付される対象に，(現在，地方交付税が交付されていない東京都は別にしても）経済力の高い大都市の地方公共団体が，暗黙裏に含まれておらず，それゆえに，大都市の地域の住民が，両者の交付額を超過して，納付する国税が意識的に明示化されず，現行の地域間所得再分配が剔抉されないことに帰結している。

なお，中央政府と地方政府という認識は，アメリカのように，連邦政府と州政府とが相対的に独立している連邦制国家における認識であり，この用語を，日本のように，国が地方公共団体に優越している中央集権制国家において使用するのは，実態に対する誤った認識であり，いわば誤用である。翻って，地方分権は，アメリカで実行されている現実であり，日本では現実ではなく，したがって，地方分権の地方には東京都も含まれる，というのは，国と地方公共団体とが相対的に独立の関係になるかもしれない，将来の想定された姿において，言及しているに過ぎない。

## 主従関係と見る見解

国と地方公共団体との関係を，“しゃぶらせる”・“施し”・“親からの仕送り”

とか，“統制と従属”・“庇護と依存”と表現して，主従関係と見る見解がある。しかし，かような見解は視野狭窄である。主も従も同一主体であり，相互に異なる二つの別主体ではない，と解するのが正しい。そもそも，国と地方公共団体との関係は主従関係にあるという時，この場合の国とは，司法府・立法府・行政府のうちの行政府であり，一般には政府と表現されるので，国を政府と言い換えると，上の表現は，政府と地方公共団体との関係は主従関係にある，と表現することになる。他方，地方公共団体の供給する地方公共サービスの受益者は地域住民なので，地方公共団体を地域住民と言い換えると，上の表現は，政府と地域住民との関係は主従関係にある，ということになる。そして，地方交付税と国庫支出金とを供給する政府の財源の国税の負担者は，国民なので，政府を国民と言い換えると，結局，上の表現は，国民と地域住民との関係は，主従関係にある，ということになる。しかし，国民は地域住民であり，地域住民は国民なので，負担者の国民と受益者の地域住民とは，同一主体である。受益者と負担者との関係を，別主体の主従関係と見る見解は，視野狭窄なのである。

“しゃぶらせる”とか，“統制と従属”という見解がイメージしているものは，経済力の低い地域の地域住民が，もっぱら，受益者として行動している姿である。しかし，経済力の低い地域の地域住民と雖も，他方で，国民であり，国民として，地方交付税と国庫支出金のための国税を納税している。ただ，その国税は，その地域の地方公共団体に交付される両者の交付額を下回るのである。“しゃぶらせる”とか，“統制と従属”という見解は，かような国税を意識的に明示化していない。他方，“しゃぶらせる”とか，“統制と従属”という見解は，経済力の高い地域の地域住民をイメージせず，したがって，その地域の地方公共団体に地方交付税と国庫支出金が交付されていることを意識的に明示化せず，その交付額を上回る国税をその地域の住民が納付していることを意識的に明示化していない。前者の国税と後者の国税の両者の国税が意識的に明示化されないことによって，結局，地域間所得再分配が剔抉されないことになっている。

国税の徴収と，地方交付税・国庫支出金の交付とは，国会において国民が立法化している。地域住民が国民として立法化に参画している。特に，“しゃぶらせる”とか，“統制と従属”という見解によってイメージされている，経済力の低い地域の地域住民の，いわば被服従者も，国民として，自分自身に，“しゃぶらせる”ことや，自分自身を“統制と従属”させること，の決定に参画しているのである。国会議員の選挙における一票の重さの地域格差は，国税の徴収と地方交付税・国庫支出金の交付において，いわば被服従者の地域への，被服従者の地域選出の国会議員自身による，地元誘導を可能にしているのである。

## 本書の構成

本書は，第１章から第５章までの本論と，これに対する補論の第６章とから成る。第１章から第５章までにおいては，現行の地方交付税と，これへの対案としての地方分権論について論じ，第６章においては，現行の政府系金融機関と，この民営化論について論ずる。後者の民営化論は，前者の地方分権論と同様に，規制緩和として行われようとしている点において，軌を一にしている。民営化論は，政府系金融機関への財政補助の財源たる国税について言及せず，この点において，地方交付税の財源の国税に言及しない地方分権論と，軌を一にする。現行の地方交付税と地方分権論の検討を補強するために，現行の政府系金融機関と民営化論との検討を行うことにする。

## 謝　　辞

私は，勤務先の帝京大学において，故冲永　荘一学主・冲永　佳史学長そして冲永　荘八副学長の下で，研究教育に伸び伸びと専念させて頂いてきている。日本財政・法人税法・所得税法と並んで，特に，地方財政の講義をさせて頂いたことは，本書の執筆の契機となった。経済学の目的は，現実の日本経済を明確にすることであり，理論経済学・歴史学・外国分析の習熟は，そのための十分条件ではないものの，しかし，必要条件であり，特に，数学の習熟は絶対に必要不可欠な条件である。現実の日本経済分析といういわば実学のために，数学といういわば虚学が，必要不可欠なのである。このような観点から，経済学教育は行われるべきである。かような趣旨を，同僚の賀村進一氏・石川治夫氏・小島寛之氏そして濵野茂人氏・岩井　靖氏・青池　潤氏等に主張し続けたが，諸氏との議論が刺激となり，現実の日本経済に関する私の研究を推進し続けてくれた。

本書は，既発表の論文を収録して編纂したものであるが，収録にあたっては，帝京大学メディアライブラリーセンターの中嶋　康グループリーダー，ならびにその関係者の方，にお世話になった。塙　武郎八洲学園大学専任講師には参考文献等についてお世話になった。本書出版にあたっては，株式会社税務経理協会の大坪嘉春社長，峯村英治部長に多大にお世話になった。以上の方々に厚く御礼を申し上げたい。最後に，私事にわたって恐縮であるが，研究教育に専念させてくれている妻康子に，最後に，しかし最小にではなく，謝意を表したい。

2010年６月

著　　者

# 目　　次



## 第1章
## 地方交付税の特定財源的性格と地域間所得再分配

## 第1章 補論
## 介護保険について



## 第2章
## 地方交付税の劣後性 ——国庫支出金に対する——

## 第3章
## 地方交付税の大都市交付の「正当性」

## 第4章
## 直轄事業負担金と国庫支出金・地方交付税

# 第５章
# 地方交付税と三位一体改革



# 第６章
# 政府系金融機関の改革案の検討

## 第6章　補　論
## 政府系金融機関の改革について

# 第1章
# 地方交付税の特定財源的性格と地域間所得再分配

## 1　はじめに

本章の目的は，各地域の法人と個人が納める国税のうち，地方交付税に充当する国税に着目し，しかも，地域ごとに着目し，そのうえで，地方交付税による地域間所得再分配と全国同一水準の地方公共サービスの実現とを明らかにすることである。その際に，地方交付税と国庫支出金との関係は，国庫支出金で不足する分があるとしたら，それを補填するものとして地方交付税が交付される，という，国庫支出金がまず最初にあり，次に地方交付税がある，という前後の順序関係として把握することにする。したがって，地方交付税は，一般財源ではなく，国庫支出金と同様に，特定財源であることも明らかにする。

さらに本章では，各地域の法人と個人が納める国税のうち，国庫支出金に充当する国税に着目し，しかも，地域ごとに着目し，そのうえで，国庫支出金による地域間所得再分配と全国同一水準の地方公共サービスの実現とを明らかにする。結局，地方交付税と国庫支出金とは，地域間所得再分配という点で同質であることになるが，ただ，両者には，地方交付税の方が国庫支出金よりも，地域間所得再分配の程度が大きい，という同質ではあるが量的差異があるということを明らかにする。

なお，本章では，地方分権を，国庫支出金を縮小あるいは廃止し地方交付税を存続あるいは拡大することではなく，地方交付税それ自身を廃止すること，その際に地方交付税に充当されていた国税を地方税に移譲すること，つまり，受益と負担とのかい離を存続させずに一致を図ること，そして，全国同一水準の地方公共サービスではなく，各地域で異なる水準の公共サービスを実現すること，と定めることにする。国庫支出金についても同様にすることが，地方分権である，と定めることにする。かような前提で論を進めることにする。

以上のような試みをなす所以は，地方交付税に関する通説に対して，私が疑問を抱くからである。そこで本章では，地方交付税に関する諸論稿を検討し，それによって以上のような点を明らかにすることにする。諸論稿は表現こそ異なるが，同工異曲であり，その限りで通説と言ってよい。通説ならば，一括して論ずればよさそうに思われるが，通説は通説であるが故に，きわめて強靭であり，その検討も一筋縄では行かない。一括して論じたのでは論点が明確にならない。そこで以下では，地方交付税論の検討――その１――，――その２――，等々として，諸論稿を個別に検討することにする。

通説に対する最大の疑問は，各地域の法人と個人が納める国税のうち，地方交付税に充当される国税について，地域ごとに着目していない点である。通説が，地方交付税を一般財源と解している点に対しても疑問を抱くが，後者の疑問は，前者の疑問に比べれば，二次的な疑問でしかない。というのは，国庫支出金が廃止され地方交付税のみが存在することになれば，後者の疑問は無くなるものであるが，その際にも，前者の疑問は依然として残存するものだからである。

諸論稿は表現上の差異があるだけで基本的には同工異曲であり，したがって検討の順序に考慮の必要はないので，以下では，各節では，諸論稿の公刊の年代順に早いものから検討することにする。ただ，同じ年のものについては，説明の便宜の観点から検討の順序を定め，月日順には従わないことにする。各節においては，最初に諸論稿を実線で囲んで掲げ，その後で検討することにするが，その際に，個別の引用文は煩瑣でない限り括弧で示すことにする。

## 2　地方交付税論の検討――その１――

> ともかく，例えば平成７年度では東京都を除く全府県に，そして市町村では153団体以外のすべてに交付税が交付されていることは，この制度がいかに異常な制度であるかを示している。今日のようにすでにかなり高い行政の水準になり，ナショナル・ミニマムというべき水準はすでに達成されているものと考えれば，国から地方へのそれほど大きな資金移転が必要とは思わない。
>
> そもそも，ほとんどすべての地方公共団体が交付税の交付を受けるような状況は，地方財政制度の欠陥を示している以外の何ものでもない。上位２割が逆交付税を納付し，下位２割が交付税の交付を受けるというようなものが，常識で考えても正常な財源移転システムであろう。
>
> （吉田和男［1998］222頁）

### 2－1　ネットの地方交付税の逆交付税的性格
### ――地方交付税による地域間所得再分配――

結論から先に言えば，上記の主張とは逆が正しい。というのは，「東京都を除く全府県に，そして市町村では153団体以外のすべてに交付税が交付されていること」，によって，つまり，「ほとんどすべての地方公共団体が交付税の交付を受けるような状況」，において，「常識で考えても正常な財源移転システムであろう」，「上位２割が逆交付税を納付し，下位２割が交付税の交付を受けているというようなものが」，事実上，実現されているからである。すなわち，経済力の高い地域でも，その地域の地方公共団体は地方交付税を受けているが，その地域の法人と個人が納めている国税のうち，地方交付税に充当される分は，前者の地方交付税を上回り，この上回る分については，「上位２割が逆交付税を納付し」，ている「というような」，ものであり，他方，経済力の低い地域でも，その地域の地方公共団体は地方交付税を受けつつ，同時に他方で，地方交付税に充当される国税をその地域の法人と個人は納めており，ただ，その際，その地域の地方公共団体の受ける地方交付税は，国税を上回るが，この上回る分については，「下位２割が交付税の交付を受けるというようなもの」，なのである。かくして，現行の地方交付税制度は，「この制度がいかに異常な制度であるかを示している」，のでもなければ，また，「地方財政制度の欠陥を示している以外の何ものでもない」，のでもなく，逆に，「常識で考えても正常な財源移転システムであろう」，ということになるのである。地域ごとに，その地域の法人と個人が納める，地方交付税に充当される国税を視野の外に置けば，現行の交付税制度は，「異常な制度」，に見えるが，これを考慮すると，「常識で考えても正常な財源移転システムであろう」，ということになるのである。「常識で考えても正常な」，地域間所得再分配であるということになるのである。

仮に，「今日のようにすでにかなり高い行政の水準になり，ナショナル・ミニマムというべき水準はすでに達成されている」，という認識が正しいとしても，「東京都を除く全府県に，そして市町村では153団体以外のすべてに交付税が交付されていることは」，ナショナル・ミニマムを凌駕する水準を達成することを意味するのではなく，ちょうど，ナショナル・ミニマムを達成することを意味するのである。同じく，「国から地方へのそれほど大きな資金移転」，も，ナショナル・ミニマムを凌駕する水準を達成するためではなく，ちょうど，ナショナル・ミニマムを達成するためなのである。すなわち，経済力の高い地域の地方公共団体への地方交付税は，その地域の法人と個人が納める，地方交付税のための国税のうち，受けた地方交付税の相等額をいわば回収したものでしかなく，その限りで，ネットでは資金移転されたものではなく，また，経済力の低い地域の地方公共団体への地方交付税のうち，その地域の法人と個人が納めた，地方交付税のための国税の相等額は，その国税をいわば回収したものでしかなく，その限りで，ネットでは資金移転されたものではない。「国から地方へのそれほど大きな資金移転」，の中には，このようなネットでは資金移転とは言えないものも含まれており，ナショナル・ミニマムを凌駕する水準を達成するための資金移転は行われていないのである。先には，地域ごとに，各地域の地方公共団体への地方交付税と，その地域の法人と個人が納付した国税との関係において，いずれかが上回る場合に，その上回る分を考えたが，ここでは，いずれかの相等額を考慮したのである。

ともあれ，地域ごとに，地方交付税だけでなく，地方交付税のために納めた国税を考慮すれば，現行の「ほとんどすべての地方公共団体が交付税の交付を受けるような状況は」,「ナショナル・ミニマムというべき水準」，を達成するために，「上位２割が逆交付税を納付し，下位２割が交付税の交付を受けるというようなものが」，事実上，実現されている，と言ってよく，その限りで，現行の交付税制度は「常識で考えても正常な財源移転システムであろう」，と言ってよい。「常識で考えても正常な」，地域間所得再分配であると言ってよい。もちろん，このような地方交付税制度が是か非かは独立に別個に論ぜられる問題である。

## 3　地方交付税論の検討——その２——

> 地方交付税交付金はどうでしょう。交付税制度についてはさまざまなご批判やご不満がありまして，いろいろと細かな改革を行わなければならないことが多々あります。しかし，地方交付税制度という制度は要らないと言われる方はほとんどいないはずです。この制度なしに日本の地方公共団体は仕事ができません。地方税だけでお金を徴収しなさいということになれば，東京都とか神奈川県，そしてその区や市町村という大都市圏では地方税で徴収できるかもしれません。しかし，ほとんどの県，大半の市町村はとても地方税だけでは，必要なだけの金額を徴収することは不可能です。それだけ，課税対象となる資産とか，所得とか，消費とかが東京圏等へ一極集中している，税源が偏っているということです。それでは，日本の地方公共団体はほとんど成り立たないわけですから，お金のあるところから国税として集めてきたものを地方に配分し，財政力の格差を埋めなければ，

全国の都道府県や市町村にこれだけの仕事をして下さいとお願いしているものが実行不可能になるわけです。ですから，交付税制度についても細かな制度の改革はいろいろと必要ですが，これがそもそもやめられるなどということを考えている人はだれもいません。むしろ，もっと充実して下さいというのが多数の地方公共団体のご意見であろうと思うのです。したがって，この地方交付税交付金も残ってしまうということになります。

そうすると，いじれる可能性があるのは，国庫補助負担金です。これは本当にいまの形が一番いいのか，いろいろと議論があります。国からの補助金が出てきて，県のお金が継ぎ足され，市町村のお金が継ぎ足されて道路行政がなされるとか，学校行政がなされるとか，福祉施設が造られるとかしているのですが，結局お金を使うのが都道府県なり市町村なのであれば，初めから地方にそれだけのお金をくれたらいいのではないかと。なぜ一度国に入れて，国がありがたそうに下され物をくれるように与え，こちらは頭を下げてもらってこなければいけないのだろうか。

（西尾　勝［1999］146－147頁）

## 3－1　地方交付税による地域間所得再分配に対する経済力の高い地域の賛否（その１）

「お金のあるところから国税として集めてきたものを地方に配分し，財政力の格差を埋めなければ，全国の都道府県や市町村にこれだけの仕事をして下さいとお願いしているものが実行不可能になるわけです」。

しかし，かような認識は，厳密に言えば，誤りである。「お金のあるところから」だけでなく，お金のないところからも，「国税として集めてきたものを地方」，だけでなく，地方と対置される都会にも，「配分をし」，その際に，「お金のあるところ」，の都会へは 「国税として集めてきたもの」，を下回る「配分をし」，他方，お金のないところの 「地方」，には 「国税として集めてきたもの」，を上回る「配分をし」，差し引きしたネットで「財政力の格差を埋めなければ」，というのが正しい。なお，地方公共団体なり地方財政なり，さらに地方交付税そして地方分権の地方には，東京・神奈川・埼玉・千葉や京都・大阪・兵庫そして愛知などの，いわゆる大都市も含まれるのであるから，地方交付税を論ずる際に，地方という用語を，いわゆる大都市に対置されるものとして用いるのは，誤用であり，かような用語法が内容の誤りを惹起させているようにも思われる。

「全国の都道府県や市町村にこれだけの仕事をして下さいとお願いしている」，と書いて，あたかも，「都道府県や市町村」，と独立の人々が存在して，そのような人々が「して下さいとお願いをしている」，と認識している。しかし，そのような人々は空中楼閣に住む神々であり，実在していない。そのような認識は現実の政治過程の省察を欠落させた没政治的なものでしかない。なるほど，直接的には，国の中央省庁のうち，総務省が，地方公共団体としての「都道府県や市町村にこれだけの仕事をして下さいとお願いをしている」，のは否定しえない事実である。しかし，「これだけの仕事」，は国会で決定されており，国会議員は，単なる地域としての「都道府県や市町村」，から選出されている。結局，単なる地域としての「都道府県や市町村」，の人々が，国会議員を通して，「これだけの仕事」，を決定し，その決定に基づいて，総務省そして地方公共団体としての「都道府県や市町村にこれだけの仕事」，を，単なる地域としての「都道府県や市町村」，の人々に行わせているのである。人々が自ら決定したことを自らに課しているのである。かような事態を，「して下さいとお願いしている」，とは，到底言えないように思われる。

ただ，「財政力の格差を埋め」，ることに対して，お金のないところの人々は多数が賛成だろうが，「お金のあるところ」，の人々の間には少なからず反対者が存在すると思われ，「これだけの仕事をして下さいとお願いしている」，どころではなく，しないで下さいとお願い，するようになるかもしれないのである。現状では，いわゆる大都市地域と，それ以外の地域との間に，国会議員の選挙において一票の重さに地域格差があることも相俟って，「お金のあるところ」，の人々の意志が国会の決定に反映されていないようにも思われるのである。

## 3－2　地方交付税による地域間所得再分配に対する経済力の高い地域の賛否（その2）

交付税制度が「そもそもやめられるなどということを考えている人はだれもいません。むしろ，もっと充実して下さいというのが多数の地方公共団体のご意見であろうと思うのです。したがって，この地方交付税交付金も残ってしまうということになります」。

しかし，「だれもいません」，とか，「多数の……御意見だろう」，とか，「残ってしまう」，と，断定できる，とは思われない。「やめられる……ということを考えている人」，が少なからず存在すると思われるし，「もっと充実して下さいというのが」，多数とも思われないし，そして，結果的に，「地方交付税交付金も残ってしまう」，とは必ずしもならないと思われる。

交付税制度が「そもそもやめられるなどということを考えている人はだれもいません」，という事態が生じているのは，各地域において，地方交付税の対象経費の各行政の支出水準を，地方税が，厳密に言えば基準財政収入額が，下回るように，現行では制度化されているからである。経済力の高い地域の地方公共団体であっても，交付団体となっているのは，各行政の支出水準を，地方税が，下回るように，制度化されているからである。換言すれば，地方交付税の財源たる国税の分だけ，地方税が低くなるように，制度化されているからである。

この地方交付税と，地方交付税の財源たる国税との関係は，つまり，地方交付税に関する受益と負担の関係は各地域においては次のようになっている。各地域の法人と個人は，国税を納めているが，この国税のうち，地方交付税に充当される分を，各地域の法人と個人が納める，地方交付税のための国税，ということにする。そうすると，経済力の低い地域の地方公共団体は，地方交付税を受けているが，同時に，それを下回るとはいえ，地方交付税のための国税を，その地域の法人と個人は納めてもいる。他方，経済力の高い地域の法人と個人は，地方交付税のための国税を納めているが，同時に，それを下回るとはいえ，その地域の地方公共団体は地方交付税を受けてもいる。ここにおいては，後者の地域から前者の地域への所得再分配が行われ，それによって，全国同一水準の地方公共サービスたるナショナル・ミニマムが実現されていることになっている。

かような現状に関して，特に経済力の高い地域の人々の間に，「そもそもやめられるなどということを考えている人はだれもいません」，と断定できるとは思われないし，また，そういう人々のうち，「もっと充実して下さいというのが多数の……御意見だろう」，と断定できるとも思われず，「したがって，この地方交付税交付金も残ってしまうということになります」，とも断定できないように思われるのである。

交付税制度が「やめられる」，とは，受益と負担とのかい離を解消し，それらを一致させること，つまり，各地域の，地方交付税のための国税を，各地方の地方税に移管し，地域間所得再分配を廃止して，地方公共サービスに関して各地域独自の水準のものを実現することである。つまり，かような意味での地方分権を実現することである。かような地方分権を望ましいと，「考えている人はだれもいません」，と，断定しうるとは思われないのである。

## ３－３　国庫支出金の削減に代替的な地方交付税の拡大

「いじれる可能性があるのは国庫補助負担金です」。

しかし，地方交付税にも「いじれる可能性がある」。したがって上記の認識は誤っている。本節では，上記で国庫支出金を国庫補助負担金と表していることに鑑み，後者の用語を使用することにする。

そもそも，「いじれる可能性があるのは，国庫補助負担金です」というのは，換言すれば，地方交付税には，「いじれる可能性」，はない，ということである。これは，地方交付税と国庫補助負担金とは，異質なものであり，異質なものとして代替的な関係にある，ということである。しかし，かような認識は誤っている。というのは，両者は，同質なものであり，差異は量的なもののそれであり，代替関係も量的なものであり，そして，相互補完的な前後の順序関係にあるからである。すなわち，両者は，地域間所得再分配を通して全国同一水準の地方公共サービスたるナショナル・ミニマムを実現する，という点において同質であり，ただ，地域間所得再分配の程度が地方交付税の方が国庫補助負担金よりも大きく，この点において両者には量的差異があり，そして，例えば，国庫補助負担金の削減に対応してその分だけ地方交付税を増加させれば，この代替関係は，地域間所得再分配の程度を強める，という量的な代替関係にあり，この代替関係は，国庫補助負担金でも不足する分を地方交付税が補填する，という両者の前後の順序関係を前提としているのである。

かくして，国庫補助負担金を，いじる，とすれば，それは直ちに地方交付税の機能に波及効果を及ぼす。地方交付税を，全くいじらない，としても，国庫補助負担金を，いじる，とすれば，波及効果を及ぼすのである。

## 3－4　前後の順序関係としての地方交付税と国庫支出金との関係 ——地方交付税の特定財源的性格——

「国からの補助金が出てきて，県のお金が継ぎ足され，市町村のお金が継ぎ足されて道路行政がなされるとか，学校行政がなされるとか，福祉施設が造られるとかしている」。

ここでは，あたかも，かようなことは国庫補助負担金によってのみ行われる，と認識されている。しかし，かような認識は誤りである。というのは，地方交付税によっても，国庫補助負担金と同様に，「道路行政がなされるとか，学校行政がなされるとか，福祉施設が造られるとかしている」，からである。両者の違いは，国庫補助負担金については，いわゆる縦割行政として，中央省庁では各省庁からそれぞれの地方公共団体の各行政に個別に交付されているのに対して，地方交付税は総務省からそれぞれの地方公共団体の各行政の全体に一括して交付されている点である。しかし，このように交付の仕方に違いがあったとしても，各行政に対して，地方交付税も，国庫補助負担金と同様に交付されるのである。

「国からの補助金が出てきて，県のお金が継ぎ足され，市町村のお金が継ぎ足され」，というのは，国からの補助金が県や市町村のお金に継ぎ足され，と表してもよいので，そのように表すことにすると，この点においても，地方交付税も，国庫補助負担金と同様である。というのは，地方交付税も，県や市町村のお金に継ぎ足されるからである。

ただ，ここで留意すべきは，上記が全く触れていない点であるが，国庫補助負担金に対して地方交付税が継ぎ足されるということである。つまり，国庫補助負担金と地方交付税との関係は，国庫補助負担金でも不足する分を，地方交付税が補填する，という前後の順序の関係にある，ということである。前後の順序の関係にあるということは，地方交付税でも不足する分を，国庫補助負担金で補填する，という逆の関係はないということである。かような点は，基準財政需要額を算出するための単位費用を，標準団体において定める際に，文字通り必要な費用から，国庫補助負担金を控除している点から，明白である。

## ３－５　地域間所得再分配の程度の異なる地方交付税と国庫支出金

「結局お金を使うのが都道府県なり市町村なのであれば，初めから地方にそれだけのお金をくれたらいいのではないかと。なぜ一度国に入れて，国がありがたそうに下され物をくれるように与え，こちらは頭を下げてもらってこなければいけないのだろうか」。

このような認識には基本的な欠陥がある。二点ある。一つは，「一度国の金庫に入れて」，しまう金額と，「初めから地方に……くれたらいい」，「それだけのお金」，とを，同額と認識している点である。総額としてはいわば定義によって同額であるが，各地域においては一般には異なる。後者の，「初めから地方に……くれたらいい」，「それだけのお金」，は，全国的に一律に補助される。他方，前者の，「一度国の金庫に入れて」，しまう金額については，経済力の高い地域は相対的に多く，逆は逆，である。つまり国庫補助負担金の財源たる国税については地域間で異なるのである。したがって，経済力の高い地域においては，前者の 「一度国の金庫に入れて」，しまう金額が，後者の，「初めから地方に……くれたらいい」，「それだけのお金」，よりも，大きく，経済力の低い地域においては，逆になっている。結局，経済力の高い地域から，低い地域へ，所得再分配が行われているのである。上記は，かような点を認識していない点において基本的に欠陥があるのである。

もう一つの欠陥は，「一度国の金庫に入れて，国がありがたそうに下され物をくれるように与え，こちらは頭を下げてもらってこなければいけない」，ものとしては，国庫補助負担金だけと認識し，地方交付税も同様である点を看過していることである。地方交付税についても，その財源たる国税は，国庫補助負担金と同様に，「一度国の金庫に入れて」，しまうものであり，他方，交付されるものも，国庫補助負担金と同様に，「初めから地方に……くれたらいい」，「それだけのお金」，なのである。異なるのは，後者の在り方でしかない。すなわち，「初めから地方に……くれたらいい」，「それだけのお金」，が，国庫補助負担金にあっては全国一律なのに対して，地方交付税にあっては経済力の差に応じて異なる，という点が異なり，「一度国の金庫に入れて」，しまう金額が，地域間において異なる点は，国庫補助負担金と地方交付税交付金とで同様である。そして，経済力の高い地域から低い地域へ地域間所得再分配が行われている点において，国庫補助負担金と地方交付税とは同じであり，ただ，その程度が，国庫補助負担金よりも地方交付税の方が大きい，ということでしかない。

## 4　地方交付税論の検討――その３――

**政府間財政のねじれ現象**

わが国の財政制度は中央集権的であるといわれている。政府全体の集める税収のうち，約三分の二は国が徴収し，残りの三分の一を地方が徴収している。他方で，政府支出に占める地方財政の比重は，国と地方の歳出決算・最終支出ベースで約三分の二となっており，地方財政の果たす役割が大きい。こうした歳入と歳出のギャップを調整するのが，国による地方交付税制度と国庫支出金などの補助金である。

すなわち，各地方公共団体は，地方税，国からの補助金，地方債発行などから収入を得て，道路建設，社会保障，教育などの目的に支出している。地方税は，国が地方税法により基本的な枠組み（税率と税目）を決定しており，しかも地方税収だけでは地方の歳出はまかなえない。地方債については起債許可制度で統制している。地方譲与税，地方交付税，国庫支出金などの補助金は国から地方へ配分されるもので，その配分は国が決定する。

こうした収入と支出のねじれ現象はわが国独特のものである。イギリスやフランスも，わが国同様，中央政府の権限が強いが，収入面と同じく支出面でも中央政府が責任をもっている。逆に，ドイツやアメリカのように地方政府の権限の強い国では，収入面でも支出面でも，地方が主導権をもっている。

（井堀利宏［1999］175－176頁）

## ４－１　歳出入ギャップと地方交付税・国庫支出金による地域間所得再分配

しかし，英仏で「収入面と同じく支出面でも中央政府が責任をもっている」，からと言って，逆に，独米で「収入面でも支出面でも，地方が主導権をもっている」，から言って，つまり，収入面も支出面も，中央政府か地方政府かのいずれか一方が主導権をもつ，財政制度をグローバル・スタンダードとして，「わが国の財政制度」，における「歳入と歳出のギャップ」，を，「ねじれ現象」，とか「わが国特有のものである」，と，つまり，望ましくないものと断定しうるのか，疑問である。「わが国の財政制度」，における　「歳入と歳出のギャップ」，は，地域間所得再分配によって，つまり，各地域に一般には受益と負担とのかい離を生じさせることによって，全国同一水準の地方公共サービスを実現しているのであるが，これは，乏しきを憂えず等しからざるを憂うる，という平等主義に基づいている。どちらかと言えば，英仏独米は，受益と負担とを一致させる財政制度を採用しており，これは，効率主義に基づいていると言ってよいが，この効率主義が先進国の中では多数によって採用されていることを根拠に，効率主義をグローバル・スタンダードと定め，他方，平等主義は少数だからグローバル・スタンダードではない，と断定しうる権限を有する神々は実在しないように思われるのである。多数か少数かは認識に関わる事柄であるが，多数を是として少数を非とするのは各国の国民が決定してよい価値判断に関わる事柄のように思われる。

「歳入と歳出のギャップ」，を解消する，というのは，各地域の法人と個人が納める国税のうち，地方交付税と国庫支出金に充当される分を，地方税に移管し，負担と受益とを一致させ，地方分権を実現する，ということである。これによって，経済力の高い地域においては高い水準の公共サービスが実現され，逆は逆，ということにある。

他方，「歳入と歳出のギャップ」を存続せしめる，というのは，経済力の高い地域では，その地域の地方公共団体が受け取る地方交付税と国庫支出金よりも，この地域の法人と個人が両者のために納める国税の方が大きく，経済力の低い地域では逆になっており，ここにおいて前者の地域から後者の地域へ所得再分配が行われ，全体として全国同一水準の地方公共サービスが実現される，というようにするということである。所得再分配が行われる，ということは，受益と負担とが一致しないことと同値である。

かくして，「歳入と歳出のギャップ」，を解消するか存続せしめるか，ということは，地域間所得再分配を行わないか行うか，受益と負担とを一致させるか否か，各地域で異なる公共サービスを実現させるか，あるいは全国同一水準の地方公共サービスを実現させるか，ということなのである。仮に，経済力の高い地域の人々が，地域間所得再分配そして全国同一水準の地方公共サービスの実現に賛意を表した時に，それに反対して受益と負担とを一致させるべきだと主張することに，どれだけの意味があるのだろうか。

## 5　地方交付税論の検討――その４――

そもそも，中央政府から地方政府への政府間補助金には，使途を特定しない定額の補助金である一般定額補助金（unconditional lump-sum grants）と，使途を特定して地方の歳出の一定割合を支出する補助金である特定定率補助金（conditional matching grants）がある。わが国の地方財政制度では，前者として地方交付税，後者として国庫支出金が主立ったものである。この両者の経済的効果は，公共経済学，なかでも地方公共財に関する先行研究ですでにその性質が明らかにされている。この文脈との関連で議論を整理すると，以下のようになる。

まず，中央政府が政府間補助金として一般定額補助金か定率補助金かのどちらかの形で同じ額だけ地方政府に交付する場合，一般定額補助金は定率補助金に比べて租税価格が歪まない（ため代替効果が生じない）分だけ，効用が高められることが知られている。これを図で説明すると，図１－１のようになる。ここでは，先行研究と同様，私的財（X）と地方公共財（G）の２財からなる経済で，所得を得た家計が（中央政府の政策を所与として）両財の消費から効用を得る通常の効用関数を仮定する。地方公共財はその地域の地方政府が供給し，その財源は一括固定税で家計から徴収すると仮定する。また，この地域に住む家計は同質的であるとする。このとき，政府間補助金が交付される前の予算制約式は図１－１のＡＡ′で，効用最大化は点Ｅである。

いま，中央政府から地方政府へ定率補助金が交付されたとする。この定率補助金は，地方政府が公共財を供給するために必要な財源のうちｍ（×100％）だけ補助する形で交付されるとする。すると，定率補助金交付後の予算制約式は図１－１のＡＢとなり，効用最大化は点Ｅ′となる。このとき，定率補助金によって予算制約式の傾き（私的財と地方公共財の価格化）が変化して，代替効果が生じている点に注目されたい。そして，定率補助金

**図表１－１　一般定額補助金と特定定率補助金**

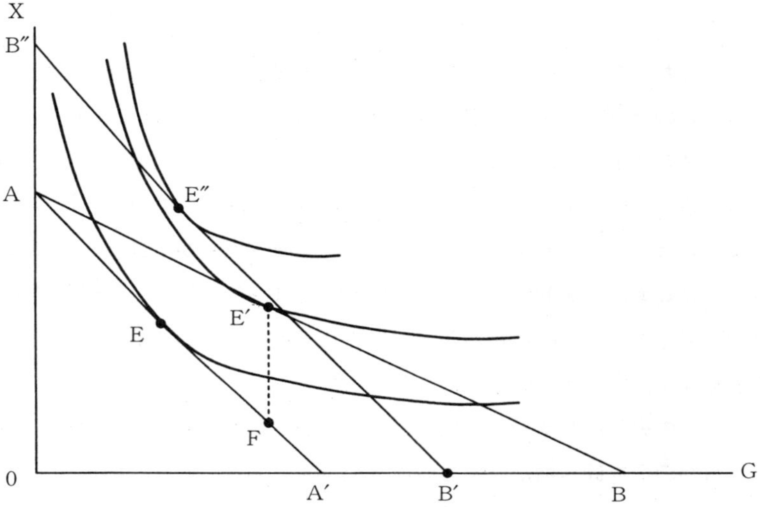


予算制約式　ＡＢ：特定定率補助金交付時
予算制約式　B″B′：一般定額補助金交付時

の交付額は線分Ｅ′Ｆ相当分である。

そこで，この線分Ｅ′Ｆ相当分と同額の一般定額補助金を交付したときを考える。線分Ｅ’Ｆ相当分と同額の一般定額補助金を交付した後の予算制約式は，図１－１のＢ″Ｂ′となる。このとき効用最大化は，点Ｅ″となり，この効用水準は通常点Ｅ′の効用水準よりも高くなる。このように，同額の政府間補助金を交付するとき，一般定額補助金のほうが定率補助金よりも高い効用水準が得られるのである。その理由は，一般定額補助金は地方歳出（地方公共財の供給量）に依存しない形で交付され，予算制約式で租税価格が歪まず代替効果が生じないためである。このことから，わが国における地方分権に際して，使途を特定した定率補助金である国庫支出金を，使途を特定しない定額補助金である地方交付税に転換させることは，効用を高めて効率的であるとされている。

（土居丈朗［2000］95－97頁）

## ５－１　地方分権に背馳する地方交付税の存続

「わが国における地方分権に際して，使途を特定した定率補助金である国庫支出金を，使途を特定しない定額補助金である地方交付税に転換させることは，効用を高めて効率的であるとされている」。

しかし，「わが国における地方分権に際して……効用を高めて効率的であるとされている」，のは，「国庫支出金を……地方交付税に転換すること」，ではなく，国税のうち，地方交付税と国庫支出金に充当されている分を，地方税として地方に移管し，地方交付税と国庫支出金とを廃止し，結局，地域間所得再分配を廃止して，受益と負担を一致させようとすることである。仮に，「国庫支出金を……地方交付税に転換すること」，がありうるとした場合，それによって実現される「効率を高めて効率的である」，ことは，「地方分権に際して……効用を高めて効率的であるとされている」，こととは，無縁である。前者の転換は，後者の地方分権とは独立に，ありうることである。つまり，前者は，地方分権を実現せずとも，現行制度の下においても，ありうることである。

現行では，地方交付税と国庫支出金とによって，地域間所得再分配が行われ，全国同一水準の地方公共サービスが実現され，その際に，受益と負担とが一般には一致しない。仮に，「国庫支出金を……地方交付税に転換すること」，がありうるとした場合，この地域間所得再分配の下で，それは実現されうるのであり，その限りでの「効用を高めて効率的である」，ことはありうるのである。

しかし，地方分権とは，何よりも地域間所得再分配を廃止することであり，これは，地方交付税と国庫支出金を廃止することと同義である。「国庫支出金を……地方交付税に転換すること」，は，地方交付税の存続と同様であるが，地方交付税が存続するような地方分権は，基本的には，形容矛盾なのである。地方分権の下では，地方交付税は，基本的には存在しないのである。

「国庫支出金を……地方交付税に転換すること」，として正しい理解は，各支出項目について国庫支出金と地方交付税とが併存するということを前提して，国庫支出金は縮小し，それに対応して地方交付税が拡大する，という理解である。具体的には，単位費用を算出する際に，文字通りに必要な費用から差し引かれる国庫支出金を縮小し，したがって単位費用そして基準財政需要額ひいては財源不足額が拡大し，結局，地方交付税が拡大する，というようになる。

各支出項目について国庫支出金か地方交付税かいずれか一つが二者択一的に交付される，という理解は誤りであり，したがって，「国庫支出金を……地方交付税に転換すること」を，国庫支出金を二者択一的に地方交付税に代替する，と解するのは誤りなのである。

## 6　地方交付税論の検討——その5——

> 国から地方へ資金移転として配分されているものには，国庫支出金と地方交付税がある。このうち国庫支出金は，特定の事業の経費を国が保障するという特定補助金の性格を持っている。その内訳をみると，本来国がなすべき事業を地方が代わりに行っている場合にその経費を負担する義務的補助金と，それ以外に国が必要と認めた事業に対する奨励的補助金の2種類に分けることができる。地方分権を進める上で特に問題となるのは，後者の奨励的補助金であろう。各地域に必要な事業は国ではなく地域が決め，その負担も地域で負うことが地方分権であるから，国による奨励的補助金は廃止すべきであろう。
>
> 一方，地方交付税は一般財源として配分されている補助金であり，各地方自治体にとって必要な財政需要である基準財政需要を満たすだけの収入を確保するために設けられたものである。地方自治体において少なくとも満たすべき財政支出のことをナショナル・ミニマムと呼ぶことから，基準財政需要はいわば各自治体にとってのナショナル・ミニマムの水準を表すものであるといえるだろう。つまり地方交付税とは，ナショナル・ミニマムに不足している収入を補うものということになる。
>
> （本間正明・前川聡子［2001］27頁）

## ６－１　前後の順序関係としての地方交付税と国庫支出金との関係 ――地方交付税の特定財源的性格――

しかし，国庫支出金だけでなく，地方交付税も，「特定の事業の経費を国が保障するという特定補助金の性格を持っている」，のである。また，国庫支出金だけでなく，地方交付税も，「その内訳をみると，本来国がなすべき事業を地方が代わりに行っている場合にその経費を負担する義務的補助金と，それ以外に国が必要と認めた事業に対する奨励的補助金の２種類に分けることができる」，のである。そして，仮に，「各地域に必要な事業は国ではなく地域が決め，その負担も地域で負うことが地方分権である」，とするならば，国庫支出金だけでなく，地方交付税も，「廃止すべきである」，ということになる。

かくして，「地方交付税は一般財源として配分されている補助金」，ではなく，国庫支出金と同様に，特定財源として配分されている補助金なのである。そして，地方交付税だけでなく，国庫支出金も，「各地方自治体にとって必要な財政需要である基準財政需要を満たすだけの収入を確保するために設けられたものである」，ということになる。さらに「地方自治体において少なくとも満たすべき財政支出のことをナショナル・ミニマムと呼ぶこと」，にすれば，「基準財政需要」，だけでなく，国庫支出金の水準も，「いわば各自治体にとってのナショナル・ミニマムの水準を表すものであるといえるだろう」，ということになる。結局，地方交付税だけでなく，国庫支出金も，「ナショナル・ミニマムに不足している収入を補うものということになる」，のである。

そもそも単位費用の算出は，標準団体において，文字通り必要な費用から，国庫支出金を控除し，その残額を，測定単位で除す，という形で行われている。結局，地方交付税は，国庫支出金でも不足する分を，補填する，ということになっている。だからこそ，経済力の高い地域に対しても，国庫支出金は支出されるが，地方交付税は交付されないということがありうるのである。地方交付税と国庫支出金との関係は，国庫支出金でも不足する分を，地方交付税が補う，という，国庫支出金が前にあり地方交付税が後にある，という，前後の順序関係にあるのである。特定財源の国庫支出金を補うものが，特定財源であるのは，当然の帰結であり，地方交付税は，一般財源ではなく，特定財源なのである。

国庫支出金は，地方公共団体の各支出項目に対して，いわば個別に補助されている。この個別に補助されている国庫支出金の総体が一方にある。他方，地方交付税は，各地方公共団体に対して，一括して交付される。後者の単一の地方交付税は，前者の，国庫支出金の総体に対置させられる。国庫支出金は個別に特定財源であるが，総体としても特定財源であることは当然であり，このような総体としての特定財源の国庫支出金に対して，地方交付税は対置されるのであり，このような意味で，地方交付税は特定財源なのである。国庫支出金を地方交付税と対比する際に，国庫支出金は一個だけ取り上げ，これに対して，各支出項目の全体に関係する地方交付税を取り上げるのは，もともと対比になっていないのである。地方交付税と対比するのであれば，国庫支出金は一個ではなく，総体を取り上げるべきなのである。

## 7　地方交付税論の検討――その6――

**地方の自立を阻む制度**

地方交付税は地方債の償還財源までも手当てしており，地方債発行の規律が働かなくなる要因を制度的に内包している。基準財政需要額には，過疎対策事業債，財源対策債，減収補てん債などの償還費も歳入対象となっている。これは，将来自力で償還できないにもかかわらず，該当する事業の支出を地方債で調達すれば，その行政サービスの便益を享受しながら，償還費は将来の自地域の税収ではなく，他地域で徴税された分も含めた将来の国税（交付税）で手当てしてもらえることを意味する。しかも，算入対象となる地方債収入を用いる事業を優先的に実施すれば，基準財政需要額は増加するから，受け取る交付税が増加することになる。

そもそも，利払いや償還は，将来の自地域の税収で行うべきである。それが調達できない見通しならば，現時点での起債，ひいては当該事業を中止するという財政規律を働かせるべきである。しかし，現在の制度では，財政力が弱くても地方債を発行して事業を実施しようとする。こうして，必要以上に将来あるいは他地域の負担に依存する構造が温存されている。

このように，地方交付税と地方債は，混然一体となって自治体の財政規律を阻害する方向に機能している。これを改めるには，自治体に自発的な努力を求める前に，現行制度を根本的に改める必要がある。

地方債の起債許可制度の問題は，財政力の弱い自治体でも地方債が発行できるように，計画的に資金を割り当てていることが一因になっている。そもそも財政力が弱く返済能力のない自治体は，地方債を発行してはならないのである。起債許可制度は将来，許可制が事前協議制に変わるが，いずれにしても，返済能力のある自治体だけが地方債を発行できるという至極当然の経済原理が働くように改めるべきである。

（土居丈朗［2001］『日本経済新聞』３月８日）

## ７－１　国の決定による地方交付税の償還費手当て

「地方交付税は地方債の償還財源までも手当てしており，地方債発行の規律が働かなくなる要因を制度的に内包している。基準財政需要額には，過疎対策事業債，財源対策債，減収補てん債などの償還費も歳入対象となっている」。「しかも，算入対象となる地方債収入を用いる事業を優先的に実施すれば，基準財政需要額は増加するから，受け取る交付税が増加することになる」。

ここでは，「地方債発行の規律が働かなくなる」，と言って，あたかも地方公共団体が地方債発行を自発的に行い，また，それを地方公共団体の裁量で自由に発行しているかのごとく解している。また，「算入対象となる地方債収入を用いる事業を優先的に実施すれば」，と言って，優先的な実施を，あたかも地方公共団体が自発的に行っているかのごとく解している。しかし，そうではない。地方債発行も，優先的な実施も，いずれも，国が国会で決定して行っているのである。地方公共団体は，国の国会での決定に基づいて，それらを行っているのである。

例示されている三つの地方債のうち，最初の過疎対策事業債は，きわめて少数の地方公共団体が発行するだけであり，しかも，全体として金額も小さいので，ここでは割愛し，後二者の財源対策債と減収補てん債について言及することにする。この両者は，地方債の発行について規定している地方財政法第５条に基づいて発行されるのではなく，このいわば本法に対する特別措置として発行されるのである。特別措置たる所以は，前者の財源対策債については，本法が規定する充当率に対して，特別に引上げ，その引上分に対して発行される所為であり，後者の減収補てん債については，本法は，充当項目を限定しており，これに対して特別に赤字地方債として発行される所為であり，そして，両者はいずれも，その償還費について，特に国が地方交付税で手当てを行うことになっているからである。このような特別措置を国は国会で決定している。このような優先的な地方債の発行を国は国会で決定しているのである。

この特別措置は，それ自体として独立的に決定されるのではなく，次のような関連の下で決定される。国は毎年，地方交付税の額を一般会計ならびに交付税特別会計の中で決定し，地方債発行額を財政投融資計画の中で決定する。この決定に際し事前に，『地方財政収支見通し』なるものを作成する。この『見通し』では恒常的に，歳出が歳入を超過し，その超過額を財源不足と称している。国は，この歳出額は実現されるのが望ましいとし，つまり，この歳出額を固定し，財源不足を完全に補填する対策を立てる。この対策は，地方交付税の増額と，地方債の発行増との二つから成り，後者の地方債については将来の償還費を地方交付税で手当てすることにする。この後者の地方債の発行額が，上述の，特別措置なのである。つまり国は，『見通し』における歳出を固定して実現することが望ましいとし，財源不足を，地方交付税の増額と地方債の発行増とで補填することとし，このような中で，将来の地方交付税による手当てを考慮しつつ，地方債の発行増の大きさを決定しているのである。優先的な地方債の発行を，国が国会で決定しているのである。『見通し』における歳出を実現するのが望ましい，という国の決定なかりせば，特別措置は実現しえなかったのであり，地方公共団体が独自に決定できるようなことではないのである。

## 7—2　財政力の強い地方公共団体に対する地方交付税の償還費手当て

「基準財政需要額には，過疎対策事業債，財源対策債，減収補てん債などの償還費も歳入対象となっている。これは，将来自力で償還できないにもかかわらず，該当する事業の支出を地方債で調達すれば，その行政サービスの便益を享受しながら，償還費は将来の自地域の税収ではなく，他地域で徴税された分も含めた将来の国税（交付税）で手当てしてもらえることを意味する」。

ここでは，「償還費は」，自地域で徴税された国税分だけでなく，「他地域で徴税された分も含めた将来の国税（交付税）で手当てしてもらえる」，と言って，「将来自力で償還できないにもかかわらず，該当する事業の支出を地方債で調達すれば，その行政サービスの便益を享受」，できる地方公共団体としては，もっぱら，財政力の弱い地方公共団体のみを考慮している。しかし，財政力の強い地方公共団体でも，財源対策債と減収補てん債とを発行でき，したがって，財政力の強い地方公共団体でも，「基準財政需要額には……財源対策債，減収補てん債などの償還費も歳入対象となっている」，のである。そして財政力の強い地方公共団体においても，「将来自力で償還できないにもかかわらず」，つまり地方税で償還しないでも「該当する事業の支出を地方債で調達すれば，その行政サービスの便益を享受」，できるのである（なお，厳密には，「将来自力で償還できない」，か否かとは独立に，償還費の全額を地方交付税で手当てすることに法定されている，と解した方がよい）。したがって，財政力の強い地方公共団体でも，「償還費は将来の自地域の税収」，つまり地方税「ではなく……将来の国税（交付税）で手当てしてもらえる」，のである。このように，財政力の強い地方公共団体でも，財政力の弱い地方公共団体と，同様なのである。

ただ異なるのは，「手当てしてもらえる」，「将来の国税（交付税）」，が財政力の弱い地方公共団体では，自地域で徴税された国税分だけでは不十分であり，「他地域で徴税された分も含めた」，ものとなっており，これに対して，財政力の強い地方公共団体では，自地域で徴税された国税分を下回っている，という点である。前者の，自地域で徴税された国税分を上回る分は，後者の，自地域で徴税された分を下回る分と，同じ大きさであり，後者が前者に移転されているのである。地域間所得再分配が行われているのである。

かくして論ずべきは，「将来自力で償還できない」，か否か，つまり地方税で償還しないかするかでもなければ，「償還費は……将来の国税（交付税）で手当てしてもらえる」，か否かでもない。この点では，財政力の強い地方公共団体も，弱い地方公共団体も違いはなく同様である。いずれも，全額を地方税では償還せず，国税（交付税）で償還するからである。むしろ，このことを前提として，論ずべきは，全国同一水準の地方公共サービスを実現するために，財政力の強い地方公共団体が存在する地域から，財政力の弱い地方公共団体が存在する地域への，地域間所得再分配を，将来の国税（地方税）において，是とするか否とするか，ということである。

## 7－3　将来の地域間所得再分配としての地方交付税の償還費手当て

「そもそも，利払いや償還は，将来の自地域の税収で行うべきである。それが調達できない見通しならば，現時点での起債，ひいては当該事業を中止するという財政規律を働かせるべきである。しかし，現在の制度では，財政力が弱くても地方債を発行して事業を実施しようとする。こうして，必要以上に将来あるいは他地域の負担に依存する構造が温存されている」。

ここでは，「財政力が弱くても地方債を発行して事業を実施しようとする」，とか，「必要以上に将来あるいは他地域の負担に依存する」，とか述べて，もっぱら，財政力の弱い地方公共団体のみが，「利払いや償還は，将来の自地域の税収で行」，っていないと解し，そして「調達できない見通しならば，現時点での起債，ひいては当該事業を中止するという財政規律を働かせるべき」，ということを行っていないと解している。しかし，この点においては，財政力の強い地方公共団体も同様である。財政力の強い地方公共団体も，財源対策債や減収てん債を発行でき，この「利払いや償還は」，全額を国が地方交付税で補填すると法定されているので，「将来の自地域の税収で」，つまり地方税で「行う」，必要がないからであり，また，「調達できない見通しならば」，ということとは独立に，「現時点での起債……を中止するという財政規律を働かせる」，必要がないからである。結局，論ずべきは，利払いや償還を国税（交付税）で行うか否かの是非ではなく，財政力の弱い地方公共団体だけでなく，強い地方公共団体も，いずれも，利払いや償還を国税（交付税）で行うとしたうえで，そこにおける地域間所得再分配の是非である。現時点ではなく，将来時点での地域間所得再分配の是非である。

## 8　地方交付税論の検討――その７――

**特定補助金と一般補助金**

国から地方への財源移転の仕組みを，効率性と公平性という二つの観点から評価してみましょう。

効率性の観点から見て興味深い問題は，地方交付税のように使途を特定

図表１－２　一般補助金と特定補助金

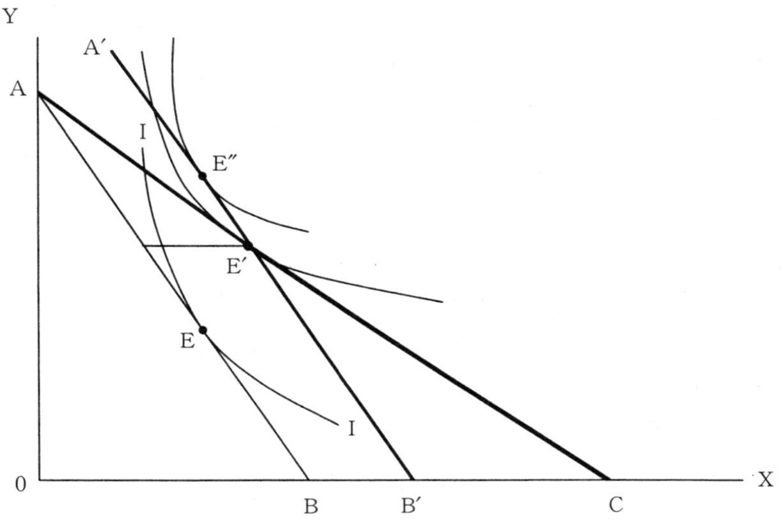

しない財源移転と，国庫支出金のように使途を特定した財源移転のどちらが望ましいかというものです。前者を一般補助金，後者を特定補助金といいます。

いま，ある地方公共団体がＸとＹという２種類の公共サービスを住民向けに供給していたとします。それぞれの公共サービスには一定のコストがかかり，地方公共団体は限られた予算の中でそれらのコストをまかなう必要があります。そのため，Ｘ，Ｙそれぞれの供給量を横軸と縦軸にとると，図１－２に示したように，直線ＡＢのような予算制約線が描けます。一方，この地域の住民はＸとＹの供給から満足を得，曲線ＩＩのような原点に対して凸の無差別曲線が描けるとしましょう。このとき，この地方公共団体にとっての最適な政策は，予算制約線ＡＢと無差別曲線ＩＩが接する点Ｅに対応したＸとＹをそれぞれ供給することです。

いま，国がこの地方公共団体に対して，Ｘの供給に定率の補助金を与えたとしましょう（Ｙの供給には補助しません）。このとき，地方公共団体にとってはＸのコストが低下するので，予算制約線はＡＣのように傾きが緩やかになります。住民の効用を最大にする均衡点は，点Ｅから点Ｅ′にシフトします。特定補助金によって，効用水準は明らかに高まっています。

使途を限定しない一般補助金の場合はどうでしょうか。まず，前述の特定補助金がどれだけの額になったかを見ると，Ｘの供給量で測った場合，点Ｅ′における直線ＡＢと直線ＡＣの間の水平距離に等しくなることがわかります。これと同じだけの補助金を，使途を限定せずに一括して地方公共団体に補助すると，地方公共団体の予算制約線は，Ａ′Ｂ′のように右上に平行移動します（Ｘ，Ｙいずれも単位当たりのコストは変化していないことに注意してください）。

したがって，一般補助金の場合，住民の効用を最大にする均衡点は点Ｅ″にシフトします。この点Ｅ″を通る無差別曲線は，特定補助金の場合の均衡点である点Ｅ′を通る無差別曲線より右上に位置しています。したがって，特定補助金より一般補助金のほうが人々の効用を高め，効率性の観点から見て望ましいと評価できます。

（小塩隆士［2002］230－231頁）

## ８－１　地方交付税の対象経費と国庫支出金の対象経費との同一性

「いま，ある地方公共団体がＸとＹという２種類の公共サービスを住民向けに供給していたとします」，という場合において，「いま，国がこの地方公共団体に対して，Ｘの供給に定率の補助金を与えたとしましょう（Ｙの供給には補助しません)。このとき，地方公共団体にとってはＸのコストが低下するので，予算制約線はＡＣのように傾きが緩やかになります」，というようなことは，基本的にはありえない。というのは，定率の補助金が，Ｘの供給だけに与えられる，というようなことは基本的にはありえず，Ｙの供給に対しても，定率の補助金が与えられるのが，その定率の補助金はＸの供給に対するものと大きさが異なるとしても，基本的だからである。したがって，「予算制約線はＡＣのように傾きが緩やかになります」，というのではなく，Ｙ軸上の点Ａよりもさらに上方の点をＣ'とすれば，直線ＡＢは直線Ｃ'Ｃのように右上方へシフトする，というのが基本的である。

特に，「同じだけの補助金を，使途を限定せずに一括して地方公共団体に補助すると，地方公共団体の予算制約線は，Ａ'Ｂ'のように右上に平行移動します（Ｘ，Ｙいずれも単位当たりのコストは変化していないことに注意してください)。」，という場合は，ＸとＹの両者が地方交付税の対象経費となっている場合であるが，このような場合は，基本的には，ＸもＹもいずれも，その供給に対して国庫支出金が支出されている。つまり，地方交付税の対象経費になっている公共サービスに対しては，同時に，国庫支出金も支出されるのが，基本である。

## 8－2　前後の順序関係としての地方交付税と国庫支出金との関係 ——地方交付税の特定財源的性格——

「特定補助金がどれだけの額になったかを見ると，Xの供給量で測った場合，点E'における直線ＡＢと直線ＡＣの間の水平距離に等しくなることがわかります。これと同じだけの補助金を，使途を限定せずに一括して地方公共団体に補助する」，というような関係には，地方交付税と国庫支出金の関係はない。つまり，両者は，異質なものとして，代替的な相互に独立的な関係にあるのではなく，まず国庫支出金が支出され，それでも不足する分を地方交付税が補填する，というような前後の順序の関係にあるのである。

そもそも地方交付税は，各地方公共団体の財源不足額を補填するものとして交付される。この財源不足額は，各支出項目の基準財政需要額の合計から，基準財政収入額を差し引いた，残額である。その基準財政需要額は，単位費用に，補正係数によって補正された測定単位を乗じて算出される。この単位費用は，標準団体において，文字通りに必要な費用から，国庫支出金を差し引いた，残額を，測定単位で除して算出される。つまり，単位費用からは，そして基準財政需要額からは，ひいては財源不足額からは，まず最初に，国庫支出金が控除されているのである。これらにはそれぞれたんに国庫支出金が含まれていないというのではなく，あらかじめ国庫支出金が控除されているが故に，国庫支出金が含まれていないのである。

したがって，財源不足額がマイナスならば地方交付税が交付されないのは，国庫支出金だけで賄えるからであり，地方交付税を必要としないからである。他方，財源不足額がプラスならば地方交付税が交付されるのは，国庫支出金だけでは不十分だからである。結局，地方交付税は，国庫支出金だけでは不十分な場合に，その不足額を補填するものなのである。地方交付税と国庫支出金とは，まず国庫支出金が支出され，それでも不足する分を地方交付税が補填する，というような前後の順序の関係にあるのである。

仮に，単位費用そして基準財政需要額ひいては財源不足額には，それぞれ国庫支出金が含まれていないのは，あらかじめ国庫支出金が控除された結果ではないのだとすれば，国庫支出金と地方交付税とが，代替的な相互に独立的に関係にあることもありうる。しかし，実際は，あらかじめ国庫支出金が含まれていないのであるから，両者が代替的な関係にないのは当然である。

### ８－３　地方交付税の諸対象経費の非選択性

地方交付税に関しては，「使途を限定せずに一括して地方公共団体に補助する」，ということはありえず，「したがって，一般補助金の場合，住民の効用を最大にする均衡点は点E"にシフトします」，ということもありえない。

「使途を限定せず」，とは，ＸとＹの各使途の量を限定せず，そして，各使途の金額を限定せずという意味であり，「一括して……補助する」，とは，総額が一定という制約条件の下で，ＸとＹの各使途額は選択関係にある，という意味である。同じく，「均衡点」，の点E'から「点E"にシフトします」，というのも，総額が一定という制約条件の下で，ＸとＹの各使途額は選択関係にある，という意味である。

しかし，そもそも，各支出項目の基準財政需要額の算出の際に，ＸとＹの各使途の量は，測定単位という形で限定されている。補正係数によって測定単位は補正されるが，それによっても測定単位が限定されることに変りはない。そして，この測定単位に単位費用が乗ぜられた結果である基準財政需要額という形で，ＸとＹの各使途額は限定されている。このそれぞれ限定された基準財政需要額から，基準財政収入額が差し引かれ，残額の財源不足額を地方交付税が補填するのであるが，地方交付税は，それぞれ限定された基準財政需要額の一部に充当されざるをえない。選択される関係にはないのである。

## 9　おわりに

現行の地方交付税制度の基本的特徴は，地域間所得再分配により全国同一水準の地方公共サービスを実現することである。つまり，地域ごとの受益と負担のかい離を図りつつ，全国的に同一水準の公共サービスを実現することである。

このような現行に対する改革案の地方分権とは，地域間所得再分配を廃止して，地域ごとに受益と負担とを一致させ，地域ごとに相異なる水準の公共サービスを実現することである。

このような現行と改革案との関係は他の経済問題にも通底する事柄である。結論的に言えば，現行は平等主義を根拠とし，改革案は効率主義を根拠としているが，これは，他の経済問題にも通底することである。

例えば，現行の郵便貯金・簡易保険・郵便の郵政三事業について言えば，経済力の高い地域の郵便局は黒字で，逆は逆であり，前者から後者へ内部補助が行われ，ユニバーサル・サービスが実現されている。内部補助は地域間所得再分配を意味している。したがって，かような現行に対する改革案の郵政三事業の分割民営化とは地域間所得再分配を廃止して地域ごとに受益と負担との一致を図り，地域ごとに相異なる水準のサービスを実現しようとするものである，ということになる。

なお，分割民営化によって，もともと黒字であった郵便局が，内部補助で赤字の郵便局に回していた分を自己の利益にできるので，黒字になる，のは同義反復的に当然であり，分割民営化によってそれらの郵便局の生産性が上昇した所為でも何でもないのであり，他方，もともと赤字であった郵便局への内部補助は財政補助に振り替えられる，つまり黒字の郵便局の利用者の負担が国民の税負担に振り替えられる，だけのことである。

現行の高速道路について言えば，経済力の高い地域の高速道路は黒字で，逆は逆であり，前者から後者へ内部補助が行われ，ナショナル・ミニマムが実現されている。内部補助は地域間所得再分配を意味している。したがって，かような現行に対する改革案の道路公団の分割民営化とは，地域間所得再分配を廃止して，地域ごとに受益と負担との一致を図り，地域ごとに相異なる水準の公共サービスを実現しようとするものである，ということになる。

なお，分割民営化によって，もともと黒字であった高速道路が，内部補助で赤字の高速道路に回していた分を自己の利益にできるので，黒字になる，のは同義反復的に当然であり，分割民営化によってそれらの高速道路の生産性が上昇した所為でも何でもないのであり，他方，もともと赤字であった高速道路への内部補助は財政補助に振り替えられる，つまり黒字の高速道路の利用者の負担が国民の税負担に振り替えられる，だけのことである。

ともあれ，郵政三事業にしても高速道路にしても，現行そして改革案たる分割民営化は地域間所得再分配に関わり，この点において，両者は，地方交付税そして地方分権と軌を一にするのである。結局，地方交付税は，現行の郵政三事業や道路公団と同様に，平等主義に根拠をもち，他方，地方分権は，それらの分割民営化と同様に，効率主義に根拠をもっているのである。地方交付税そして地方分権は，現在の経済問題に通底する性格を有しているのである。なお，政府系金融機関の民営化論については，本書の第６章を参照されたい。

**（補　足）**

国の一般会計における災害復旧費は，横断的には，地方交付税・郵政三事業・高速道路と同様に，ある地域から他の地域への，つまり，非被害地域から被害地域へのネットでの地域間所得再分配であるが，時系列的には，再分配の行い手と受け手とが，地方交付税・郵政三事業・高速道路のように固定された関係ではなく，相互に入れ替わりうる関係にある。国の一般会計における公共事業関係費の公営住宅への国庫支出金は，地域間所得再分配の側面を別にすると，横断的には，非入居者から入居者への所得再分配であるが，時系列的には，非入居者の大半は恒常的に行い手で，きわめて一部は例えば独身から既婚者になり受け手になり，入居者の大半は所得が上昇し行い手に転じる，という関係にある。

# 第1章　補　論
# 介護保険について

## 1　はじめに

地方交付税と国庫支出金における地域間所得再分配においては，各期間において，所得再分配が行われるが，同じ経済主体について時系列的に見た場合，ある期間においては，所得再分配を行う行い手であるが，後の期間においては，所得再分配を受ける受け手になる，とは限らず，どちらかと言えば，ある期間において行い手であれば，後の期間においても行い手であり，同じことだが，ある期間において受け手であれば，後の期間においても受け手であり，総じて，行い手は恒常的に行い手であり，他方，受け手は恒常的に受け手である。

これに対して，介護保険の場合は，各期間において，世代間所得再分配が行われるが，同じ経済主体について時系列的に見た場合，ある期間においては，所得再分配を行う行い手であるが，後の期間においては，必ず，所得再分配を受ける受け手になる。順序は，まず行い手で，後は受け手であり，受け手が最初で行い手が後という逆のケースは無い。同じく所得再分配と言っても，地域間と世代間では異なる。地域間所得再分配をいわば対比的に明らかにする，という観点から，ここでは，介護保険について，検討することにする。

上野千鶴子・加藤周一「耕論　われわれはどこへ」『朝日新聞』2008年１月６日（日）朝刊は，その一部で，介護保険について論じている。そこで本補論では，その論述の大半を論者ごとに論述の順序に従って分割し，それぞれ実線で囲んで引用し，その直後でそれぞれ検討することにする。

## 2　介護保険について

> **上野**　日本に国民皆保険で介護保険が出来たのは快挙だ。健康保険さえ出来ない国がたくさんある。介護保険は二つめの国民皆保険で，運用開始から８年の経験がある。世界でも未曽有だろう。高齢化が進む各国は，日本でうまくいくかどうか固唾（かたず）をのんでみている。

しかし，はたして，「日本に国民皆保険で介護保険が出来たのは快挙だ。健康保険さえ出来ない国がたくさんある」，と決めつけることが可能であろうか。「日本に国民皆保険で介護保険が出来たのは」，一つには，保険料を，本人だけでなく，雇用主の企業も負担するようにしたからである。介護保険の導入以前に，国民皆保険が出来ていたのは，企業も保険料を負担するようにしたからである。本人だけでなく，企業も負担するのを正当化する，そういう社会を構築したからである。

これに対して，「健康保険さえ出来ない国」，例えばアメリカは，企業は保険料を負担すべきではない，とし，保険料は個人が負担するのを是とする，そういう社会を構築している。厳密に言えば健康保険が「出来ない」，のではなく，企業は保険料を負担すべきでないとし，そもそも，健康保険を制度化する意志がないのである。企業に保険料を負担させるとするか，あるいは，負担させないとするかは，各国民が自由に選択してよい権利であって，「快挙だ」，とか，そうではないとか，あるいは，「出来た」，とか「出来ない」，とかいうような事柄ではないように思われる。

「日本に国民皆保険で介護保険が出来たのは」，もう一つには，現役就業時に，将来の自分の被介護のために，貯蓄をしない人が居る可能性があるから，現役就業時に，一方で介護保険料を強制的に徴収し，他方で介護の公費負担のために税を当然強制的に徴収するという社会的合意が出来たからである。これに対して「健康保険さえ出来ない国」，例えばアメリカでは，現役就業者は，将来の自分の被介護のために，各自で貯蓄をすべきである，という社会的合意が出来ているのである。いずれを選択するかは，各国民の自由のように思われるのである。

**加藤**　明治以降，日本の倫理的体系は儒教で，家族制度が中心だった。それが戦後に崩壊した。そのため提供できなくなった介護をこの保険が穴うめしているのでは。

しかし，「提供できなくなった介護」，という認識は誤りである。というのは，横断的に見ると，つまり，被介護時において，家族は現役就業者として，税を納め，その税の一部が公費負担として，介護に支出されているからである。つまり，家族は，介護を「提供」，しているからである。したがって，家族制度が「戦後に崩壊した」，という認識も誤りであり，逆に，家族制度は現在も生きている，というのが正しい。同じく，「介護をこの保険が穴埋めしている」，という認識も誤りである。「崩壊」していないのであるから，「穴埋め」，する必要もないからである。

**上野**　儒教的家族主義の破綻を政府が認めた。そのことが大きい。介護保険は「家族革命」だ。介護を他人が行う。家族に頼らない介護を常識化した。

しかし，「介護を他人が行う」という認識は誤りであり，被介護者は自分の介護は自分で行っている，というのが正しい。というのは，被介護者は，自分の介護のために，現役就業時に自分で介護保険料を納めているからである。介護保険料への対価として，「介護を他人が行う」ようになっているに過ぎない。

また，「家族に頼らない介護を常識化した」，という認識は誤りであり，横断的に見ると，つまり，被介護時においては，被介護者は家族に頼っている，というのが正しい。というのは，被介護者の家族は現役就業者として税を納め，その一部は公費負担として介護サービスに支出されているからである。つまり，被介護者は，自分の家族の納める税に，自分の介護を頼っているからである。

そして時系列的に見ると，つまり，被介護者自身を生涯で見ると，家族にも他人にも頼らずに，自分の介護は自分で行っている，というようになっている。というのは，被介護者も，過去の現役就業時には税を納め，それが過去の介護への公費負担として支出され，自分の被介護時にはそれを取戻していることになっているからである。つまり，過去の現役就業時の介護のための税負担は，将来の自分の介護のための介護保険料を支払ったも同然になっているからである。

結局，被介護者は，過去の現役就業時における，文字通りの介護保険料と，介護のための税負担の両者によって，自分の介護は自分で行っている，ということになる。

「儒教的家族主義の破綻」，というが，このような認識は誤りである。というのは，介護制度が導入される以前において，介護が家族によって行われていたとは，時系列的には言えないからである。被介護時には家族によって介護が全面的に行われていたが，被介護者も，現役就業時には介護を全面的に行っていたのであり，被介護時には，それを取戻したのであって，結局，自分の介護は自分で行っていたことになるからである。

それならば，なぜに介護保険制度が導入されたのであろうか。介護を自分の家族だけで世代間で全面的に行うのは負担が大き過ぎる，そこで負担軽減の観点から介護保険制度が導入されたのである。一方で，現在の介護のための税と，将来の被介護のための介護保険料との，両者の負担を行い，他方で，多くの被介護者を施設に集中して介護することによって費用軽減を図り，前者の両者の負担の合計を，導入以前の負担よりは縮小するようにしたのである。

現在の介護制度は社会保険として制度化され法的に強制されているが，これは民営化によっても実現可能である。社会保険が廃止され民営化されれば，一方で社会保険料として徴収されていた介護保険料が徴収されなくなるので，その非徴収分を各人が貯蓄し，他方で公費負担のための税が減税となるので，その減税分を各人が貯蓄し，その両者の貯蓄を，将来の被介護時に取崩して，介護料として支払えばよいからである。実現可能か否かは，そのような貯蓄を各人が行うか否かにかかっているのである。

**加藤**　儒教的家族主義の破綻は介護保険だけでなく，社会のいろいろなところに現れている。だから介護保険が世界に自慢できること，希望の旗といえるのかどうか，私にはわからない。ただ，家族に頼らない介護が達成できれば，大いに国民を引っ張る旗印になるし，世界に向けて発信できる一つの価値観になると思う。仏教も儒教もキリスト教も信じない，でも有効に機能する社会秩序を作り出すことが可能だ，と。

しかし，「儒教的家族主義の破綻は介護保険だけでなく，社会のいろいろなところに現れている。だから介護保険が世界に自慢できること，希望の旗といえるのかどうか，私にはわからない」，という認識は誤りである。

そもそも，家族が現役就業者として税を納め，その一部が公費負担として介護に支出されている限りにおいて，「儒教的家族主義の破綻」，は生じていない。むしろ逆に，「儒教的家族主義」，は現存しているし，それが介護保険にも貫徹している，と認識するのが正しい。「儒教的家族主義の破綻は介護保険」，にも「現れている」，という認識は誤りなのである。

したがって，「儒教的家族主義の破綻」，の結果として介護保険が現出したのではなく，その貫徹として介護保険が現出したのであれば，「介護保険が世界に自慢できること，希望の旗といえるのかどうか，私にはわからない」，という認識は誤りである。「儒教的家族主義」，の貫徹として介護保険が現出したのであれば，「介護保険が世界に自慢でき」，「希望の旗といえる」，ことになるからである。「希望の旗といえるのかどうか，私にはわからない」，つまり，希望の旗ともいえない，と認識しているのは，「儒教的家族主義の破綻」，と認識し，その結果として介護保険を捉えているからである。「儒教的家族主義」，の貫徹として介護保険を捉えれば，希望があるともいえない，とはならないからである。

しかし，「儒教的家族主義の破綻」，が見られず，その貫徹として介護保険が現出しているとしても，「介護保険が世界に自慢でき」，「希望の旗といえる」，とは限らない。介護保険は，各人が現役就業時に将来の自分の介護のために貯蓄するとは限らない，といういわば価値観を根拠として成立している。これに対して，各人は現役就業時に将来の自分の介護のために貯蓄すべきである，といういわば価値観を国民が選択した場合には，介護は制度化されず民営化されることになる。後者の価値観は，前者の価値観を，各人が個として軟弱であるとして，受け入れしない。したがって，後者の価値観を選択する国民に対しては，「介護保険が世界に自慢でき」，「希望の旗といえる」，というようにはならないのである。

「家族に頼らない介護が達成できれば，大いに国民を引っ張る旗印になるし，世界に向けて発信できる一つの価値観になる」，という認識も誤りである。

「家族に頼らない介護が達成できれば」，と言って，あたかも現行の介護保険が，「家族に頼らない介護」，であるかのように認識しているが，現行の介護保険は，横断的に見ると，つまり，被介護時には家族に頼っているのである。というのは，家族は現役就業者として税を納め，その税の一部が公費負担として介護に支出され，結局，被介護者は，自分の家族の税によっても介護を受けているからである。もちろん，自分の現役就業時に納めた介護保険料によっても，自分の介護を支えている。

介護保険が家族に頼るものであっても，それは「大いに国民を引っ張る」，ことが可能である。というのは，施設において集中して介護を行うことによって，介護保険の導入以前の負担よりも，介護保険における現役就業時の税負担と介護保険料の合計を縮小できるからである。

なお，「国民を引っ張る」，という表現は，あたかも国民以外の第三者が「国民を引っ張る」，かのような事態を表現しているように見えるが，介護保険は国会で法律として立法化されているのであり，国会議員は国民が選出しているのであるから，厳密に言えば，自分で決定して自分で実行しているのである。

「世界に向けて発信できる一つの価値観になる」，とは思われない。現行の日本の介護保険は，介護保険料は本人だけでなく企業も負担すべきであり，また，仮に民営化した場合に現役就業時に将来の介護のために貯蓄しない人がいる可能性があり，したがって強制的に介護保険料を税と共に徴収する，という価値観に基づいている。しかし，現在，介護を民営化している国の国民の価値観は，介護保険料は本人だけが負担すべきで企業は負担すべきではなく，また，各人の将来の介護のために各人は現役就業時に貯蓄すべきである，という価値観である。後者の価値観は，前者の価値観では，個が確立していない軟弱なものとして，それを拒絶する可能性があり，その限りで，前者の価値観が「世界に向けて発信できる一つの価値観になる」，とは到底思われない。各国の国民はそれぞれ価値観を自由に選択するのは当然である。

**上野**　日本では宗教の代わりに，家族主義と「世間教」があった。国民皆保険はアメリカでは出来ない。アメリカは社会連帯の成立しない社会を作ってしまったから。でも，ヨーロッパと日本にはまだ社会的な連帯がある。これは良くも悪くも働くが，よい方に働いたのが介護保険だ。女性や若者に雇用を作り出せる。

しかし，はたして，「ヨーロッパと日本にはまだ社会的な連帯がある。これは良くも悪くも働くが，よい方に働いたのが介護保険だ」，と言って，介護を社会保険として制度化することを「よい」，とし，他方，「国民皆保険はアメリカでは出来ない。アメリカは社会連帯の成立しない社会をつくってしまったから」，と言って，介護を民営化していることを 「悪い」，と決めつける権利が，他国民にあるだろうか。アメリカ国民は，現役就業時に将来の被介護のために各自で貯蓄をし，被介護時にそれを取崩して介護料に充当する，という制度を選択しているのであるが，そういう選択を 「悪い」，と決めつける権利が，他国民にあるだろうか。

**加藤**　希望なしとはいえない。希望があるともいえない。「ある」と言いたいが，「証拠は」といわれるとつらい。そういう時代だと思う。

「家族に頼らない介護が達成」，できていると認識し，それに対して「希望なしとはいえない」，と言い，また，介護保険は 「儒教的家族主義の破綻」，の現れと認識し，それに対して「希望があるともいえない」，と言っているのである。「家族に頼らない介護が達成」，できているという世界は，現実の世界ではないので，これを，一つの空中楼閣とし，また，「儒教的家族主義の破綻」，が現れている世界は，現実の世界ではないので，これをもう一つの空中楼閣とすれば，いずれにしても，現実の世界ではない空中楼閣において，「希望なしとはいえない。希望があるともいえない」，と言っているのである。

「『ある』と言いたいが，『証拠は』といわれるとつらい」，というのも，自分の構築した妄想の世界で，つながっている，に過ぎない。「そういう時代だと思う」，というのも，単なる御託宣でしかない。

## 3　おわりに

本補論では，介護保険においては時系列的に見れば自分の介護は自分の負担で行うようになっており，その際に導入後の負担は導入前に比べて縮小している，ということを強調し，介護を介護保険で行うか，あるいは，民営化で行うかは，各人が現役就業時に将来の介護のために，強制的に貯蓄を行うか，あるいは自主的に行うか如何にかかっている，ということを強調した。

ところで介護保険は，現役就業時ならびに被介護時に世代内所得格差が存在し，したがって世代内所得再分配を行う，ということを随伴している。民営化の場合には，このような世代内所得再分配は存在しない。本補論では，このような世代内所得再分配の有無については述べなかった。まずは，自分の介護の自己負担的性格について論じたかったからである。

# 第2章

# 地方交付税の劣後性

## ——国庫支出金に対する——

## 1　はじめに

本章の課題は，国庫支出金と地方交付税との関係は，前者が優先し後者は劣後する，というような順序関係にある，ということを明らかにすることである。かような課題を設定する理由は，学界の通説は，国庫支出金と地方交付税との関係は，二者択一的な対等な関係にある，と解しているが，かような理解は誤解である，と私は解するからである。そもそも通説は，国庫支出金は特定財源であり地方交付税は一般財源である，と解しているが，私は，これは誤解であり，地方交付税も特定財源である，と解するのが正しい，と考える。また，通説は，国庫支出金の機能は特定の目的を果たすことであり地方交付税の機能は財源調整を果たすことである，と解しているが，私は，これは誤解であり，国庫支出金も地方交付税と同様の財源調整の機能を果たしている，と解するのが正しい，と考える。かように両者は，特定財源であり財源調整を果たすという点において，同一であるが，ただ，両者間には，国庫支出金に対して地方交付税が劣後的である，というような順序関係がある点で異なる，ということを明らかにするのが，本章の課題である。本章では，各地域において，国庫支出金や地方交付税を交付される主体の地方公共団体と，国税や地方税を納付する主体の個人や法人とを峻別することにする。本章では，総務省編『平成18年版地方財政白書』国立印刷局，によって，上記の課題を果たすことにする。本章において，『地方財政白書』とは，この平成18年版を指すことにする。

以下，2では，地方交付税のための財源の国税に注目し，しかも，それの地域格差に注目し，そのうえで，地方交付税による地域間所得再分配を明らかにする。3では，国庫支出金のための財源の国税の地域格差に注目しつつ，国庫支出金による地域間所得再分配を明らかにし，国庫支出金と地方交付税とは同じく地域間所得再分配を果たしつつ，国庫支出金が優先され地方交付税は劣後的である，ということを明らかにする。最後に4では，本章のまとめを述べることにする。

## 2　地方交付税による地域間所得再分配

### 2－1　地方交付税における財源不足額

図表2－1，図表2－2，図表2－3については次のように考えておくことを，あらかじめ，述べておく。まず，横軸には一般的に言って経済力が指標として取られているが，以下では便宜的に，経済力としては人口一単位当たりの所得を取っている，と考えることにする。人口一単位としては例えば，一万人を取ればよい。次に，縦軸には，割合が取られているが，絶対額を取ることにして，歳入総額一単位を取り，地方税なり地方交付税としても，割合ではなく，絶対額を取ることにする。歳入総額一単位として，例えば100億円を取るとすれば，地方税も地方交付税も，絶対額で表されることになる。

**図表2－1　歳入総額に占める一般財源の割合の分布状況**
**その1　道　府　県**

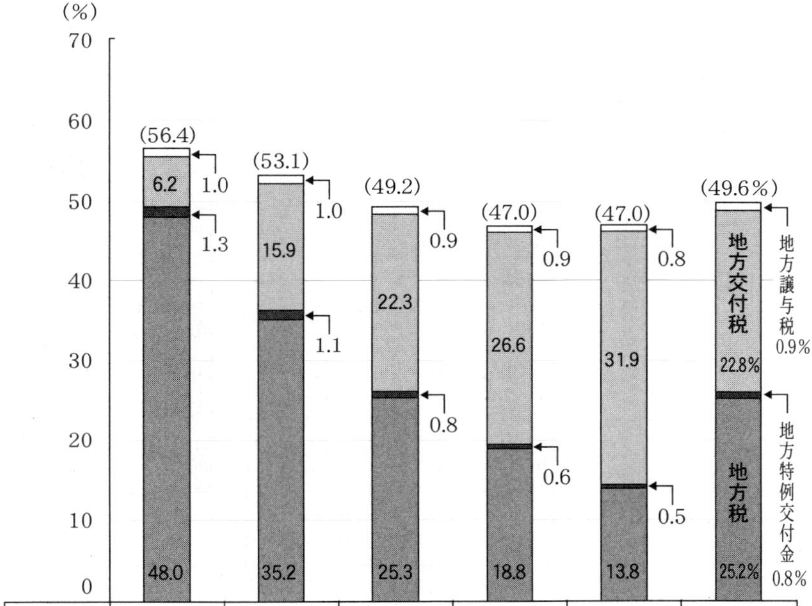


| グループ | B1 | B2 | C | D | E | 総平均 |
|---|---|---|---|---|---|---|
| 財政力指数 | 0.7～1.0の団体 | 0.5～0.7の団体 | 0.4～0.5の団体 | 0.3～0.4の団体 | 0.3未満の団体 | |

(注) 1　(　) 内の数値は，歳入総額に対する一般財源の割合である。
2　歳入総額及び地方税は，利子割交付金，配当割交付金，株式等譲渡所得割交付金，地方消費税交付金，ゴルフ場利用税交付金，特別地方消費税交付金，自動車取得税交付金及び軽油引取税交付金に相当する額を控除したものである。
3　グループ別の該当団体
B1　愛知県，神奈川県
B2　大阪府，静岡県，千葉県，埼玉県，茨城県，福岡県
C　栃木県，群馬県，京都府，宮城県，兵庫県，三重県，広島県，滋賀県，岐阜県，岡山県
D　長野県，石川県，福島県，香川県，新潟県，北海道，富山県，山口県，奈良県，福井県，愛媛県，山梨県，熊本県
E　徳島県，佐賀県，山形県，大分県，青森県，鹿児島県，岩手県，和歌山県，沖縄県，宮崎県，秋田県，長崎県，鳥取県，高知県，島根県
4　東京都については，総平均から除いている。

図表2－2　その2　都　　市

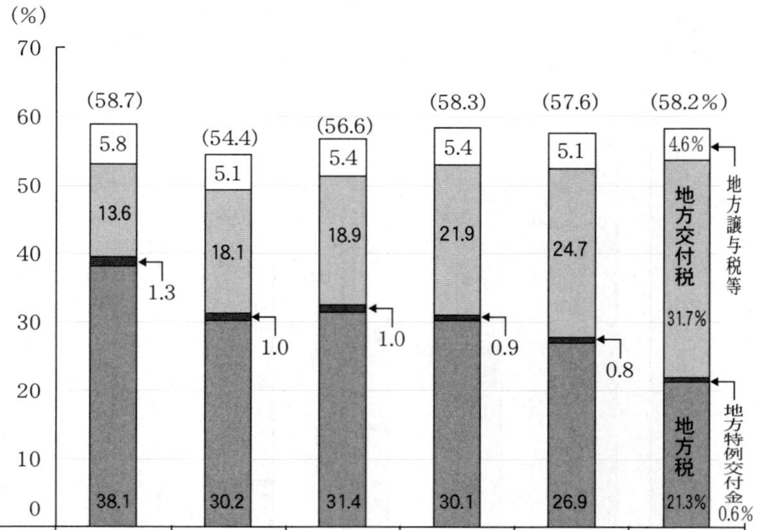


| 人　口 | 23万人以上<br>43万人未満 | 13万人<br>～23万人 | 8万人<br>～13万人 | 5万5千人<br>～8万人 | 3万5千人<br>～5万5千人 | 3万5千人<br>未満 |
|---|---|---|---|---|---|---|
| 産業構造 | 「次，」次85％以上95％未満のうち，」次55％以上 | | | | | |

(注) 1　(　) 内の数値は，歳入総額に対する一般財源の割合である。
　　2　「都市」には，中核市，特例市を含む。

図表2－3　その3　町　　村

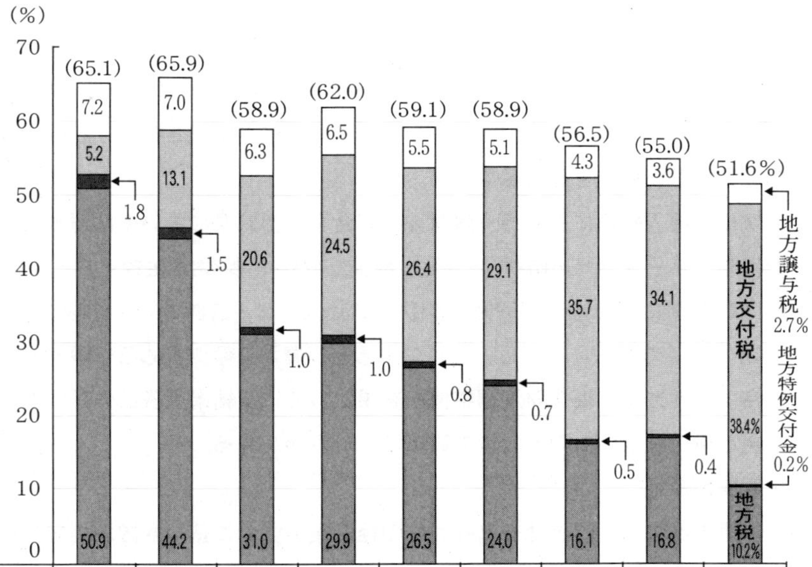


| | | | | | | | | | |
|---|---|---|---|---|---|---|---|---|---|
| 人　口 | 3万5千人以上 | 2万8千人以上3万5千人未満 | 2万3千人～2万8千人 | 1万8千人～2万3千人 | 1万3千人～1万8千人 | 8千人～1万3千人 | 5千5百人～8千人 | 2千5百人～5千5百人 | 3千5百人未満 |
| 産業構造 | 「次，」次85％以上のうち，」次55％未満 | | | | | | | | |

(注)（　）内の数値は，歳入総額に対する一般財源である。

**一般財源**

一般財源は，地方税，地方譲与税，地方特例交付金及び地方交付税の合計額（市町村決算においては，これらに加えて，都道府県から交付される地方消費税交付金等各種交付金を加えた合計額）であり，使途が特定されず，どのような経費にも使用できる財源である。

次に，歳入総額に占める一般財源の割合を，都府県においては財政力指数段階グループ別，市町村（大都市，特別区及び一部事務組合を除く。）においては類型別にみると，第33図（本稿では図表２－１，図表２－２，図表２－３—引用者注）のとおりである。これによると，歳入総額に占める一般財源の割合は，地方交付税が財源調整機能を果たしている結果，各団体区分間に大きな違いはないものとなっていることがうかがえる。

**国庫支出金**

国庫支出金は，国と地方公共団体の経費負担区分に基づき国が地方公共団体に対して支出する負担金，委託費，特定の施策の奨励又は財政援助のための補助金等である。

出典）　図表２－１，２，３も含め，総務省編『地方財政白書（平成18年版）』50～53頁。

図表２－１，図表２－２，図表２－３は，図表２－４のように置換される。三つの図表２－１，２，３では，横軸が，右から左にかけて，経済力が高くなるように取られているが，これを，図表２－４では，左から右にかけて，高くなるように，逆にする。便宜的に低所得地域，中所得地域，高所得地域の三地域に分割されるものとする。他方，高さは，有限個の地方公共団体が取られた所為で，棒グラフになっているが，ここでは，無限ではないが，多数の地方公共団体を取ることにして，曲線で表すことにする。かような手続きで，三つの図表２－１，２，３は図表２－４のように置換されうる。

さらに，図表２－４は，以下で述べる留保を付ければ，図表２－５のように近似されうる。まず，歳入総額に占める一般財源の割合は，地方税と地方交付

図表２－４

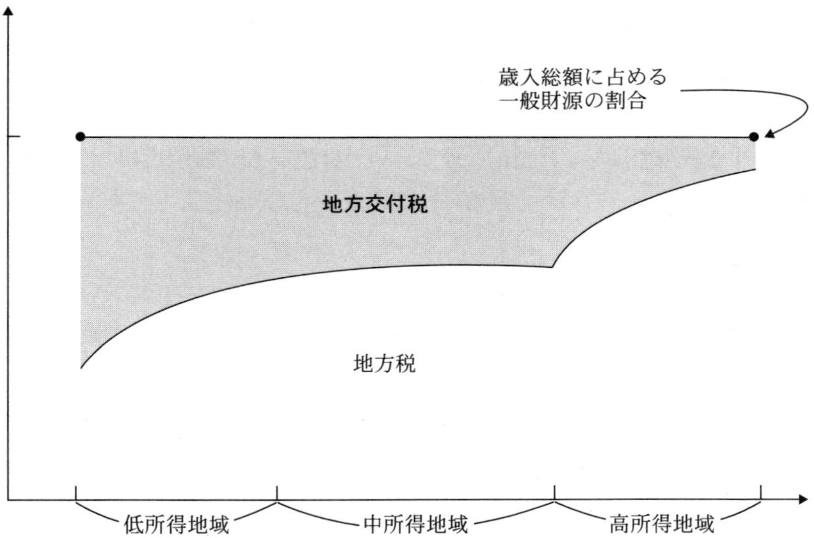
歳入総額に占める
一般財源の割合
地方交付税
地方税
低所得地域
中所得地域
高所得地域

図表２－５

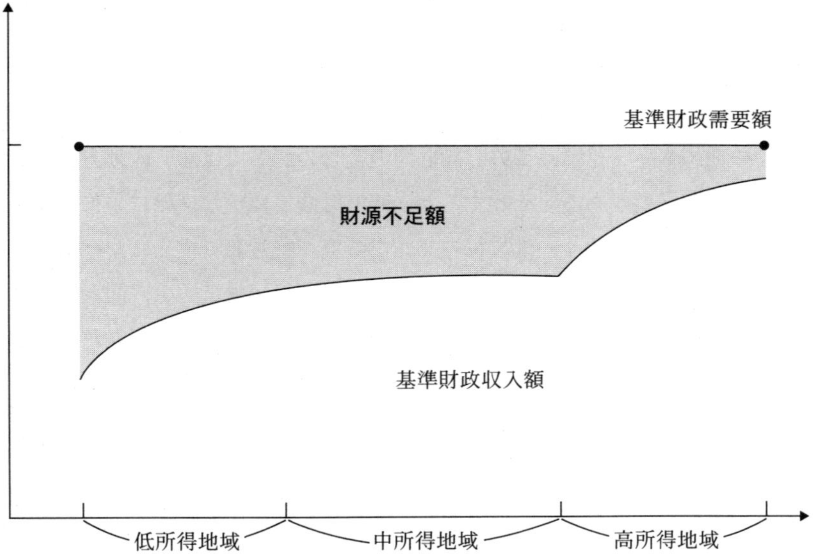
基準財政需要額
財源不足額
基準財政収入額
低所得地域
中所得地域
高所得地域

税との合計である，ということから，また，地方公共団体の存在する経済力の格差とは独立に一定である，ということから，基準財政需要額と近似されうる。ただ，歳入総額に占める一般財源の割合は，各地方公共団体が現実に支出する実額であり，これに対して，基準財政需要額の算出は，各地方公共団体が現実に支出する費用ではなく，全国共通の，いわば想定上の標準団体における単位費用によって行われるので，厳密にはこの点の差異が厳然として存在し，あくまで近似でしかない。

次に地方税は，基準財政収入額と近似されうる。ただ，これについても，コメントが必要である。まず第一に，地方税の税目の全てが，基準財政収入額に算入されるわけではない。ただ，金額が大きなもの，具体的には住民税と，事業税あるいは固定資産税は算入対象であり，他の税目もほとんどが算入対象となっており，算入対象となっていないのはマイナーなものだけである。かような意味で近似可能である。

次に第二に，地方税の金額のうち，基準財政収入額に算入されるのは，75%である。これは，地方公共団体が存在する地域の経済力の格差とは，無関係であり独立的である。したがって，地方税の曲線から，基準財政収入額の曲線を得るためには，地方税の曲線を，経済力の格差とは無関係に独立的に，一律に25%だけ減額すればよい。これは実は，先に見た，歳入総額に占める一般財源の割合の曲線も，一律に，この一般財源の割合の25%ではなく，地方税の25%だけ減額する必要がある。そうすると，基準財政需要額は横軸に平行になる。一般財源の割合ではなく，地方税の25%なので，絶対額で言えば，経済力の高い地域ほど減額の幅が大きく，逆は逆なので，先の図表2－1，図表2－2，図表2－3において，歳入総額に占める一般財源の割合が，経済力が高くなるに従って少々だが大きくなっていることが好都合なのである。少々大きくなっているから，絶対額の異なる地方税の25%を減額すると，結果の基準財政需要額が横軸に平行になりうるのである。

最後に第三に，地方税は，地方公共団体それぞれが採用している法定税率によって徴収され，算出されるが，これに対して，基準財政収入額は，必ずしも現実に採用されている法定税率とは限らず，法定税率のうち，全国共通の法定税率，具体的には下限の法定税率で一般には標準税率と称されているものによって算出される。地方税は，この標準税率よりも高い法定税率によって徴収され，算出されるものも含まれており，厳密には，この分だけ，基準財政収入額よりも，例え地方税の75％が算入されるとしても，大きくなっているのである。

さて図表２－４の地方交付税は，図表２－５の財源不足額に置換されうる。一方で財源不足額が法定され，他方で地方交付税の金額が法定されているが，前者の財源不足額と，後者の地方交付税の金額とが一致することは，ほとんど100％ありえない。前者の財源不足額が，後者の地方交付税の金額を超過するのが，実際である。そこで，前者の財源不足額は固定し，この固定された財源不足額を，全額充足しうるように，国は借入れによって，後者の地方交付税の増額を図る，というのが現実の慣例となっている。かくして，図表２－４の地方交付税は，図表２－５の財源不足額に置換されうるのである。

財源不足額は次のように法定されている。

財源不足額＝基準財政需要額－基準財政収入額

他方，図表２－４における地方交付税は次のようになっている。

地方交付税＝歳入総額に占める一般財源の割合－地方税

これら二つの式は，次のようにして，同値である。

地方交付税＝歳入総額に占める一般財源の割合－地方税
＝（歳入総額に占める一般財源の割合－地方税の25％）
－（地方税－地方税の25％）
＝基準財政需要額－基準財政収入額＝財源不足額

ともあれ，近似化された財源不足額は，歳入総額に占める一般財源の割合から，地方税を差し引いた後の残額として，いわば直接的に得られるのである。つまり，地方税の75%を基準財政収入額として近似化し，他方，歳入総額に占める一般財源の割合から地方税の25%を差し引いた後の残額を，基準財政需要額として近似化し，両者の差額を財源不足額としなくても，つまり，そのような二つの近似化にわざわざよらなくても，財源不足額は直接的に得られるのである。しかし，このように直接的に得られる，ということは，そのような二つの近似化の思考によって保証されるのであるから，やはり近似化の思考は必要なのである。ともあれ，直ぐ後で明らかにするように，地方交付税の機能の考察において重要な財源不足額は，歳入総額に占める一般財源の割合と，地方税とから，近似的なものではあるが，直接的に得られるのである。

## 2－2　地方交付税のための財源の国税

財源不足額は，図表2－6のように図示できる。低所得地域の地方公共団体ほど，財源不足額は大きく，高所得地域の地方公共団体ほど，財源不足額は小

**図表2－6　財源不足額**

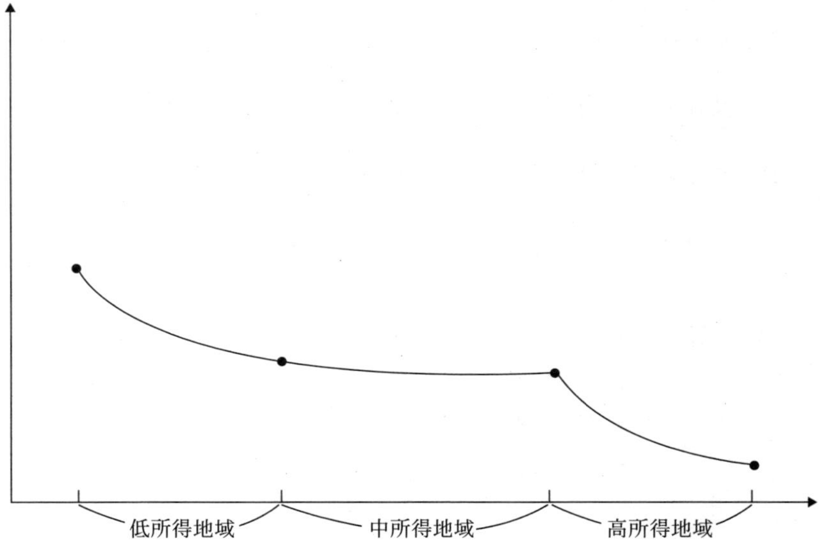

さい。図表２－６では，意図的に，低所得地域でも高所得地域でも，所得が大きくなるに従って，その地方公共団体の財源不足額は縮小するように描いてあり，また，中所得地域では所得が大きくなっても，その地方公共団体の財源不足額はほとんど変化しないように描いてある。

財源不足額は，地方交付税によって充足される。地方交付税の財源は国税であり，具体的には，国税の大宗をなす所得税と法人税の一定額であり，さらに，国税の消費税，たばこ税，酒税の一定額も加えられる。また，国は借入金も，地方交付税の財源の一部に加える。この国の借入金も，最終的には国税によって充足されるので，総じて，地方交付税の財源は国税であり，その一定額である，ということになる。

この国税は，地域別では先の図表２－１，図表２－２，図表２－３における地方税の動向から，図表２－７のように類推して図示できる。所得が高くなるに従って，各地域に存在する個人と法人が納付する国税は，大きくなる。図表２－７では，意図的に，低所得地域でも高所得地域でも，所得が大きくなるに

**図表２－７　国　　税**

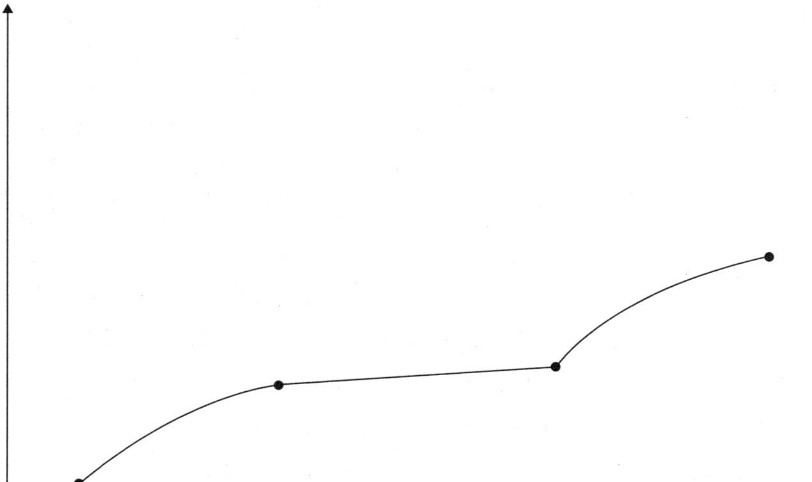

従って，国税は大きくなるように描いてあり，また，中所得地域ではほとんど変化しないように描いてある。

先の図表２－６の財源不足額は全額が地方交付税によって充足されるので，先の図表２－６は，各地域の地方公共団体に交付される，地域別の地方交付税を表していることになる。このように地域別の地方交付税の図とみなした図表２－６と，図表２－７の国税の図とを，一つの図に重ね合わせると，図表２－８のようになる。

**図表２－８**

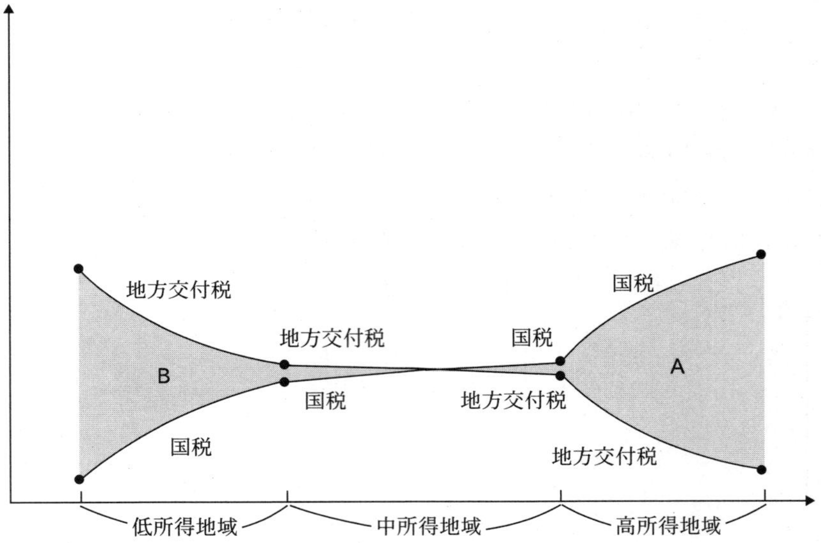


図から明らかなように，低所得地域でも，そこに存在する個人と法人は，地方交付税のための財源の国税を納付するが，その地域の地方公共団体は，それを超過する地方交付税を交付される。逆に，高所得地域でも，そこに存在する地方公共団体は地方交付税を交付されるが，そこに存在する個人と法人は，その地方交付税を超過する，地方交付税のための財源の国税を納付している。中所得地域では，そこに存在する個人と法人が納付する国税と，そこに存在する地方公共団体が交付される地方交付税とは，大体等しい。かくして，一方にお

ける個人と法人による国税の納付と，他方における地方公共団体への地方交付税の交付によって，図表２－８のように，高所得地域から低所得地域に対して，ＡがＢに移転される形で地域間所得再分配が行われることになる。

『地方財政白書』は，地方税の動向から，地方交付税のための財源の国税を類推していないが故に，この地域間所得再分配を明確にしていない。地域別に異なる国税を明確にして，地域間所得再分配を明確にすることが望まれる。

## 3　地方交付税の劣後性

### 3－1　国庫支出金の優先性と地域間所得再分配

『地方財政白書』は，図表２－１，図表２－２，図表２－３について，「歳入総額に占める一般財源の割合は，地方交付税が財源調整機能を果たしている結果,各団体区分間に大きな違いはないものとなっていることがうかがえる」，と述べているが，この叙述の前提には，「歳入総額に占める一般財源」，を除く他の財源「の割合は……各団体区分間に大きな違いはないものとなっている」，という認識がある。特に国庫支出金を取り出して言えば，国庫支出金の「割合は……各団体区分間に大きな違いはない」，という認識がある。このような認識を前提にして，「地方交付税が財源調整機能を果たしている結果」，を導出しているのである。

このことは，国庫支出金が優先し，これに対して地方交付税は劣後的である，ということを意味している。つまり，国庫支出金と地方交付税との関係は，国庫支出金でも不足する分を，地方交付税が補填している，という関係にあることを意味している。

しかも，地方交付税は，単純に，劣後的なのではない。『地方財政白書』は，地方交付税だけが，財源調整機能を果たしていると認識しているが，直ぐ後で述べるように，国庫支出金も財源調整機能を果たしており，地方交付税の財源調整機能は，国庫支出金のそれを，強化している，という意味でも，地方交付税は劣後的なのである。

国庫支出金は，地域間の所得格差に無関係に独立的に一律に交付されるので，図表２－９におけるように，国庫支出金は，横軸に平行に描かれる。他方，国庫支出金の財源は，借入金の場合も含めて，国税から調達されるので，先に，地方交付税のための財源の国税の場合と同様に，国庫支出金のための財源の国税は，図表２－１，図表２－２，図表２－３の地方税の動向から類推して，図表２－９のように図示されうる。低所得地域でも，高所得地域でも，地域の所得が大きくなると国税は大きくなり，中所得地域については，意図的に，地域の所得が大きくなっても，国税はほとんど変化しないように，描いてある。

**図表２－９**

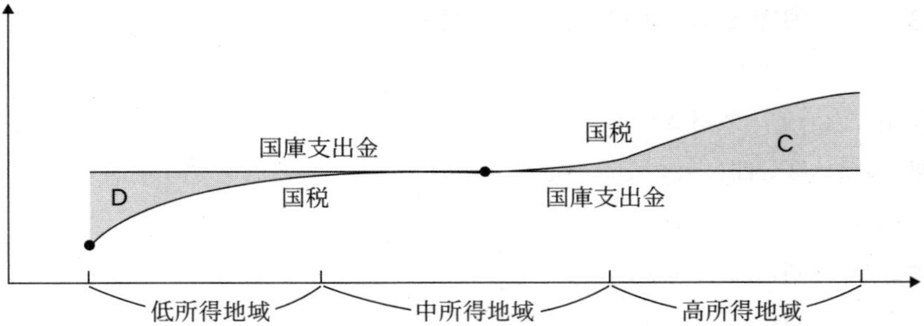


かくして，低所得地域においても，個人と法人が，国庫支出金のための財源の国税を納めているが，それを超過する国庫支出金を，その地域の地方公共団体は交付され，逆に，高所得地域においても，その地域の地方公共団体は国庫支出金を交付されるが，それを超過する，国庫支出金のための財源の国税をその地域の個人と法人は納付していることになる。ＣがＤに移転されるという形で，高所得地域から低所得地域に地域間所得再分配が行われているのである。この国庫支出金の地域間所得再分配機能を，地方交付税のそれは，強めることになっているのである。

地方交付税の場合は，財源不足額は右下がりで表されるが，国庫支出金の場合は，財源不足額は，図表２－９における国庫支出金のように，横軸に平行になる，ということなので，地域間所得再分配機能は，国庫支出金よりも地方交付税の方が強い。結局，国庫支出金でも不足する分を補填し，しかも，国庫支出金の地域間所得再分配機能を強める，という意味で，地方交付税は，国庫支出金に対して，劣後的なのである。

## ３－２　国庫支出金と地方交付税との制度上の関係

国庫支出金でも不足する分を，地方交付税で補填する，という関係は，つまり，地方交付税の劣後性は，以下で述べるように，制度的にも明らかである。各地方公共団体において，基準財政需要額を算出する際に使用される費用は，標準団体における単位費用であるが，これは次のようにして算出される。

$$単位費用=\frac{文字通り必要な費用-国庫支出金}{測定単位}$$

つまり，基準財政需要額は，国庫支出金が充当される部分を除いた金額として規定されている。したがって，基準財政需要額から基準財政収入額を差し引いて得られる残額としての財源不足額は，国庫支出金を充当しても残る不足分として規定されている。これに充当される地方交付税は，国庫支出金を充当しても不足する分を，補填するものとして，劣後的に規定されていることになるのである。

## ３－３　地方公共団体の普通会計歳出と国の一般会計歳出

地方公共団体の普通会計の個々の歳出において，地方交付税の劣後性を図式化すれば，図表２－10のようになる。

図表2－10　地方交付税の劣後性
――普通会計――

| 歳出 | | 総務省以外の各省の個別交付 | | | 総務省による一括交付 |
|---|---|---|---|---|---|
| 民生費 | ⇦ | 国庫支出金 | ＋ | ⇦ | 地方交付税の交付対策経費 |
| 土木費 | | | | | |
| 道路 | ⇦ | 国庫支出金 | ＋ | ⇦ | |
| 河川 | ⇦ | 〃 | ＋ | ⇦ | |
| 港湾 | ⇦ | 〃 | ＋ | ⇦ | |
| 都市計画 | ⇦ | 〃 | ＋ | ⇦ | |
| 住宅 | ⇦ | 〃 | ＋ | ⇦ | |
| 教育費 | ⇦ | 国庫支出金 | ＋ | ⇦ | |
| 衛生費 | ⇦ | 国庫支出金 | ＋ | ⇦ | |
| 商工費 | ⇦ | 〃 | ＋ | ⇦ | |
| 農林水産業費 | ⇦ | 〃 | ＋ | ⇦ | |
| 警察費消防費 | ⇦ | 国庫支出金 | ＋ | ⇦ | |
| 災害復旧費 | ⇦ | 国庫支出金 | ＋ | ⇦ | |
| 公債費 | ⇦ | 〃 | ＋ | ⇦ | |
| 総務費 | ⇦ | 〃 | ＋ | ⇦ | |

さしあたり，普通会計の個々の歳出は，次のような視点から，点線で区分される。

歳出のうち金額が比較的大きなもの

民生費・土木費・教育費

歳出のうち金額が比較的小さなもの

衛生費・商工費・農林水産業費

都道府県か市町村か何れか一方が支出しているもの

警察費：都道府県

消防費：市町村

以上の歳出の全体に係わるもの

災害復旧費・公債費・総務費

これらの個々の歳出に対して，政府の総務省を除く各省から，相互に無関係に独立的に，国庫支出金が交付される。

これらの国庫支出金の合計でも不足する分に対して，総務省から，地方交付税が一括して交付される。国庫支出金の合計との関係で交付されることから，地方交付税は，これらの個々の歳出との関連では，相互依存的に交付されていることになる。

地方交付税の交付は，国庫支出金でも不足する分に対して行われるということから，劣後的なのである。

地方公営事業における地方交付税の劣後性は，図表２－11のように図式化される。普通会計の場合と同様なので，説明は省略することにする。

**図表２－11　地方交付税の劣後性**
**――地方公営事業――**

| 歳出 | | 総務省以外の各省の個別交付 | | | 総務省による一括交付 |
|---|---|---|---|---|---|
| 地方公営企業 | ⇦ | 国庫支出金 | ＋ | ⇦ | 地方交付税の交付対象経費 |
| 下水道 | | | | | |
| 上水道 | | | | | |
| 病院 | | | | | |
| 地下鉄 | | | | | |
| 宅地造成 | | | | | |
| 工業用水道 | | | | | |
| 介護サービス | | | | | |
| 国民健康保険事業 | ⇦ | 国庫支出金 | ＋ | ⇦ | |
| 老人保健医療事業 | ⇦ | 〃 | ＋ | ⇦ | |
| 介護保険事業 | ⇦ | 〃 | ＋ | ⇦ | |
| 保険事業 | | | | | |
| 介護サービス | | | | | |

国の一般会計の歳出との関係において，地方交付税の劣後性は，図表２－12のように，図式化できる。国の一般会計の歳出を構成する主要経費のうち，地方交付税交付金と，国債費，防衛関係費，エネルギー対策費とを除く，すべての主要経費において，それぞれ無関係に相互独立的に，国庫支出金が支出されている。総務省を除く各省が，それぞれ無関係に相互独立的に，個別に交付している。

図表２－12　地方交付税の劣後性
――国の一般会計――

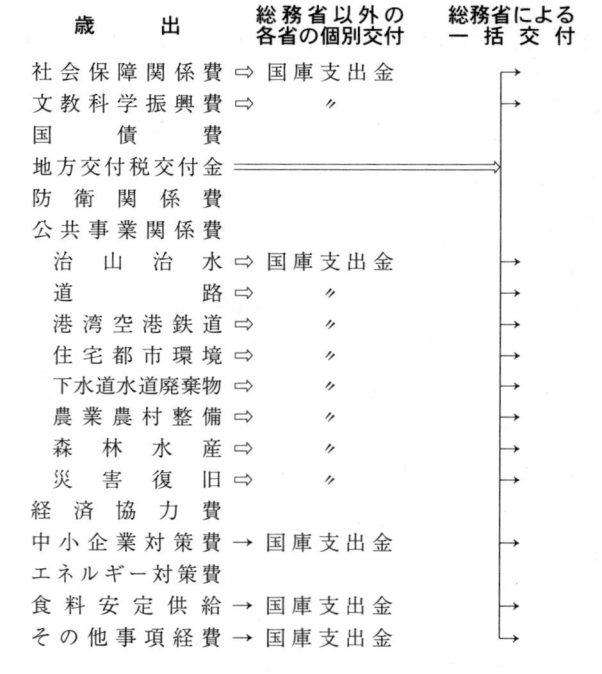

| 歳出 | | 総務省以外の各省の個別交付 | 総務省による一括交付 |
|---|---|---|---|
| 社会保障関係費 | ⇨ | 国庫支出金 | → |
| 文教科学振興費 | ⇨ | 〃 | → |
| 国債費 | | | |
| 地方交付税交付金 | ⇒ | | （⇒） |
| 防衛関係費 | | | |
| 公共事業関係費 | | | |
| 治山治水 | ⇨ | 国庫支出金 | → |
| 道路 | ⇨ | 〃 | → |
| 港湾空港鉄道 | ⇨ | 〃 | → |
| 住宅都市環境 | ⇨ | 〃 | → |
| 下水道水道廃棄物 | ⇨ | 〃 | → |
| 農業農村整備 | ⇨ | 〃 | → |
| 森林水産 | ⇨ | 〃 | → |
| 災害復旧 | ⇨ | 〃 | → |
| 経済協力費 | | | |
| 中小企業対策費 | → | 国庫支出金 | → |
| エネルギー対策費 | | | |
| 食料安定供給 | → | 国庫支出金 | → |
| その他事項経費 | → | 国庫支出金 | → |

これら国庫支出金でも不足する分に対して，主要経費の一つである地方交付税交付金が支出されている。個々の国庫支出金による不足額ではなく，国庫支出金の合計でも不足する金額に対して，地方交付税交付金が支出されている。結果的に，個々の国庫支出金による不足額に対して，地方交付税交付金が，総務省によって，一括して交付されている。当然のことであるが，国庫支出金によって不足額が生じない団体に対しては，地方交付税交付金は支出されない。

このように，国の一般会計の主要経費のうち，地方交付税交付金等を除く，個々の項目から，それぞれ無関係に相互独立的に国庫支出金が支出され，それでも不足する分に対して，主要経費の一つの地方交付税交付金が，一括して支出されるのである。国庫支出金でも不足する分に対して，支出される，という限りにおいて，地方交付税は国庫支出金に対して，劣後的である，ということになる。

もちろん,劣後的であるとしても,特に高所得地域が地域間所得再分配を行っている，ということに変わりはない。高所得地域の地方公共団体が，国庫支出金そして地方交付税を交付されるとしても，この地域の企業と個人は，この交付額を超過する，国庫支出金と地方交付税のための国税を納付しているのである。

## 4　おわりに

『地方財政白書』の致命的欠陥は，地方交付税および国庫支出金それぞれのための財源の国税について想到せず，したがって地域間の所得格差に基づく国税格差に想到していないことである。仮に想到していたら，両者が，それぞれ地域間所得再分配を行っている点において同一であり，しかし，同一であるにも拘らず，国庫支出金に対して地方交付税が劣後的である，という両者の順序関係を剔抉したはずである。『地方財政白書』が，「一般財源は，地方税……地方交付税の合計額であり，使途が特定されず，どのような経費にも使用できる財源である」，と認識しているのは論外であり，地方交付税も特定財源である，と認識すべきなのである。また，『地方財政白書』が，「歳入総額に占める一般財源の割合は，地方交付税が財源調整機能を果たしている結果，各団体区分間に大きな違いはないものとなっている」，と言って，地方交付税のみが地域間所得再分配を行っている，という認識も論外であり，国庫支出金も地域間所得再分配を行っている，と認識すべきなのである。両者ともに，特定財源であり，地域間所得再分配を行っている，と認識したうえで，このように同一であるにも拘らず，両者の間には，国庫支出金に対して地方交付税は劣後的である，という順序関係がある，と認識すべきなのである。

# 第3章

# 地方交付税の大都市交付の「正当性」

## 1　はじめに

本章の課題は以下のとおりである。まず，2において，地方交付税と国庫支出金のそれぞれ基本的諸論点を，地方交付税を主としながら明確にしたい。その際に，井堀利宏〔1997〕を検討しながら，本章の課題を果たすことにする。それというのも，この論稿は，それらの基本的諸論点を挙げて，それぞれについて明快に論理を展開しており，諸論点を明確にする際に避けて通れない論陣を張っているからである。この2では，結果的に，地方交付税と国庫支出金の全体を考察することになる。

次に3では，2を踏まえて，2とは正反対に，その一部に焦点を絞ることにする。すなわち，地方交付税と国庫支出金とを一括して補助金と称することにすれば，補助金の大都市交付が「正当」であることを明確にする。その為に，この3では，神野直彦〔1996〕を検討し，それによって，この3の課題を果たすことにする。この論稿は，暗黙裏に，もっぱら，経済力の低い地域の中小都市への補助金交付に言及しているが，この検討を通して，窮極的には，経済力の高い地域の大都市への補助金交付を逆照射し，その意義を明らかにすることとしたい。

本章の構成は，2の結論を踏まえ，その一部を3で詳細に展開する，というようになっている。そこで本章では全体を要約することはせず，2と3それぞれの最後で，それぞれを要約するだけに留めることにする。それだけで事足りるからである。

本章では，地方交付税について主として論ずるので，タイトルや見出しに，地方交付税という用語を使用することにする。

## 2　地方交付税の基本的諸論点

### 2－1　歳出入ギャップと地域間所得再分配

日本の財政制度は中央集権的といわれる。各地方公共団体は，地方税，国からの補助金，地方債発行などから収入を得て，道路建設，社会保障，教育などの目的に支出している。地方税については，国が地方税法により基本的な枠組み（税率と税目）を決定しており，しかも地方税収だけでは地方の歳出はまかなえない。地方債については起債許可制度で統制している。地方譲与税，地方交付税，国庫支出金は国から地方へ配分されるもので，その配分方法は国が決定している。

他方で，政府支出に占める地方財政の比重は国と地方の歳出決算・最終支出ベースで約三分の二となっており，地方財政の果たす役割は大きい。こうした歳入と歳出のギャップを調整するのが，国による地方交付税制度と国庫支出金である。地方分権は，先進諸国のなかでもきわめて中央集権的な日本の財政システムを根本的に見直すことを意味する。

日本の地方財政制度では，地方公共団体の実施する事務事業の多くについて国庫補助や，法令による行政水準基準の設定など，さまざまなかたちで国が関与している。これまで国から地方への補助金の配分は，自治省やその他の省庁が各地域に対して画一的な行政実現を促すように行われてきた。その結果，どの地方に住んでも国民は基本的に同じ公共サービスを受けることができ，ナショナル・ミニマムがどの地方でも達成されるというメリットをもたらした。

しかし，「国による地方交付税制度と国庫支出金」は，単純に「歳入と歳出のギャップを調整する」，ことを目的とはしていない。仮に，そうならば，国は，各地域の法人と個人から徴収した国税を，それぞれ同額だけ，それぞれの地域の地方公共団体にいわば“返却”すればよい。その際には，国は，地方税の徴収の単なる代理機関ということになる。

もちろん，国はこのようなことは行っていない。結論から先に言えば，国は，経済力の低い地域については，その地域の法人と個人から徴収した国税よりも多く，その地域の地方公共団体へ地方交付税と国庫支出金を交付し，逆は逆，を行っている。地域間所得再分配を行っているのである。「歳入と歳出のギャップを調整する」という過程の中で，地域間所得再分配が行われているのである。ここにこそ「国による地方交付税制度と国庫支出金」，の目的がある。

結局，歳出入ギャップが，地方交付税制度と国庫支出金制度を可能にしている。逆ではない。歳出入ギャップがあるから，止むを得ず，両制度を創出したのではない。両制度を機能させるために，結果として，歳出入ギャップが創出されたのである。両制度ナカリセバ，歳出入ギャップは現出しないものなのである。両制度が歳出入ギャップを必要としているのである。逆ではないのである。

## ２－２　地方税税率変更と地方交付税交付額との独立性

> 現在の地方交付税制度のもとで，地方に権限を単に移譲するのはかえって非効率，不公平を助長しかねない。現状では地方の住民が歳出財源を負担していないので，コスト意識が薄く，住民の監視意欲が厳しいとは言えない。地方政府の自由度が高くなると，きちんとした歳出が行われなくなる状況も生じるかも知れない。
>
> さらに，地方税の徴収に関して自由度が高くなると，別の弊害も生じる。徴税にどの程度努力するかで，実質的な地方税の税率を変更することは可能であろう。地方政府が税率を下げることで得るメリットは，その地方の

民間消費の増加である。これに対して，税率を低下させるデメリットはほとんどゼロである。なぜなら，税率が低下することによる地方税の減収は，地方交付税のほとんど同額の増加によって相殺されるからである。このように，地方政府は税率をいくらでも引き下げる誘因をもっている。

しかし，「現在の地方交付税制度のもとで」，「税率が低下することによる地方税の減収は，地方交付税のほとんど同額の増加によって相殺される」，ということはありえない。逆に，「現在の地方交付税制度のもとで」，「税率が」，上昇「することによる地方税の」，増収「は，地方交付税のほとんど同額の」，減少「によって相殺される」，ということもありえない。

そもそも，地方交付税は，各地方公共団体において算出される財源不足額に充当され，この財源不足額は，基準財政需要額から基準財政収入額を差し引いた後の残額として算出されるが，地方税収は基準財政収入額と関わる。この基準財政収入額は，各地方公共団体が実際に適用している税率とは独立に，全国同一の標準税率によって算出される。つまり地方税の税率の改定とは独立に，基準財政収入額は算出され，ひいては，地方交付税の大きさは定められるのである。基準財政収入額は，税率改定と独立の関係にある。

## 2－3　住民生活の質的格差と金銭的な経済格差

現行の地域間再分配政策では，住民の生活の質的格差が再分配の基準になっていない。都道府県別の生活の質的レベルでのいくつかの指標でみると，北陸地方など地方の県が住環境の面でも，公的な学校・病院その他の設備の面でも平均水準以上であるのに対し，最も生活環境が立ち遅れているのは，埼玉，千葉県などの大都市周辺県である。しかし，地域間の財政的な資金は金銭的な経済格差のみを反映して，いまだ都市圏から地方圏へと流れており，地方圏ではそうした資金を持て余して，あまり有効に活用

> されているとは思われない「箱もの」がもっぱら建設されている。

しかし,「住民の生活の質的格差が再分配の基準になっていない」,ということはなく,逆に,なっている,のであり,また,「地域間の財政的な資金は」,「いまだ都市圏から地方圏へと流れて」,いるが,これは,「金銭的な経済格差のみを反映して」,ではない。

「金銭的な経済格差」,を,一人当たり所得格差とすれば,これを「再分配の基準」,とはしていない。結果は,そのようになっているとしても,「金銭的な経済格差」,を「再分配の基準」,とはしていない。

そもそも基準財政需要額が算出される際に,標準団体を定め,そこにおいて標準的な規模を定め,個々の品目について標準的な価格を定め,個々の支出の総計を算出している。例えば義務教育費については次のように定める。

義務教育費
- 先生
    - 先生一人当たり給料
- 光熱水の量
    - 単位当たり電力料金
    - 単位当たり水道料金
    - 単位当たりガス料金
    - 単位当たり下水道料金
- 校舎の広さ
    - 「帰属家賃」
- 校庭の広さ
    - 「帰属地代」

⎫ 総計

ここで,義務教育の測定単位を,例えば,先生の数とすると,次のようにして単位費用を算出する。

$$\frac{\text{義務教育費の総計}}{\text{先生の総数}}=\text{単位費用}$$

この単位費用に，各地方公共団体の実際の測定単位，義務教育の場合は先生の数，を乗じて，結果を，義務教育に関する，つまり，個別の支出に関する，基準財政需要額とする。

個別の支出に関して

（標準団体の）（各地方公共団体の）（各地方公共団体の）
単位費用 × 測定単位 ＝ 基準財政需要額

この個別の基準財政需要額を，各地方公共団体においてそれぞれ合計し，これを次のようにする。

（個別の） （各地方公共団体の）
基準財政需要額の合計＝ 基準財政需要額

これから，次のようにして，各地方公共団体の財源不足額を算出する。

基準財政需要額－基準財政収入額＝財源不足額

この財源不足額に対して地方交付税が交付される。このように，基準財政需要額が，標準団体の規模を出発点として，各地方公共団体の測定単位から算出されている限りにおいて，「住民の生活の質的格差が再分配の基準になっていない」，ということはなく，逆に，なっている，と言ってよいように思われる。

「地域間の財政的な資金は」，「いまだ都市圏から地方圏へと流れており，地方圏ではそうした資金を持て余して，あまり有効に活用されているとは思われない『箱もの』がもっぱら建設されている」，と述べ，『箱もの』，について補助されている地域としては「地方圏」，だけと断定している。しかし，『箱もの』，については，「都市圏」，も補助されている。特に，国庫支出金については，「都市圏」，も「地方圏」，と同様に，一律に補助されている。国庫支出金でも不足する分について，地方交付税が交付されているが，この地方交付税も，「地方圏」，だけでなく，「都市圏」，にも交付されている。

他方，『箱もの』，に交付されている国庫支出金と地方交付税の財源の国税は，つまり，「地域間の財政的な資金」，の財源の国税は，「都市圏」，だけでなく，「地方圏」，でも，徴収されている。ただし，この国税には地域格差が存在し，「都市圏」，が相対的に多く徴集され，「地方圏」，は少なく徴集されている。

結局，『箱もの』，についても，地域格差を付けた国税の徴集と，「地域間の財政的な資金」，つまり国庫支出金と地方交付税の交付を通して，ネットでは，「都市圏から地方圏へと」，地域間所得再分配が行われているのである。『箱もの』，についても，国庫支出金と地方交付税が「都市圏」，にも交付され，他方，両者のための財源の国税が「地方圏」，からも徴集される中で，ネットでの地域間所得再分配が行われているのである。

## 2－4　補助金と自助努力との相互独立性

> 現在の日本の財政制度を地方の側からみると，歳出決定にコスト意識が働かず，中央からの補助金を獲得することにエネルギーを集中して，自助努力する誘因をなくしてしまう弊害もある。

しかし，「現在の日本の財政制度を地方の側からみると，歳出決定にコスト意識が働かず，中央からの補助金を獲得することにエネルギーを集中して，自助努力する誘因をなくしてしまう」，ということはありえない。というのは，基準財政需要額の算出は，全国的に同一の標準団体に基づいて行われ，実際の支出に基づいて行われていないのであり，したがって，仮に，実際の支出について「コスト意識」，を働かせ「自助努力」，をしたからと言って，地方交付税は減額されないし，逆に，「コスト意識」，を働かせず「自助努力」，をしなかったからと言って，地方交付税は増額されないからである。結局，地方交付税が「自助努力する誘因をなくしている」，ということはありえない。

そもそも，経済力の低い地域の法人と個人とが，その地域の地方公共団体が受ける地方交付税を下回る国税しか納められないのは，その地域の地方公共団体が「自助努力」，をしなかった所為ではないし，逆に，経済力の高い地域が，その地域の地方公共団体が受ける地方交付税を上回る国税を納められるのは，その地域の地方公共団体が「自助努力」，をした所為でもない。各地域における地方交付税と国税との関係は，基本的には，経済力の高低によるものであって，「自助努力」，程度で解消されるものではないのである。

## 2－5　住民間での選好

> 情報の不完全性のもとでは，地方間，あるいは住民間での選好が大きく異なる場合に，中央政府による画一的なサービス供給よりは，地方政府ごとのきめ細かい供給の方が，一般的には望ましい。

しかし，地方財政の歳出において大部分をなす普通会計の民生費・土木費・教育費，そして地方公営事業の国民健康保険事業・老人保健医療事業・介護保険事業・下水道事業などで，「住民間での選好が大きく異なる」，という事実は，現時点ではない。しかも，仮に，「住民間での選好が大きく異なる」，としても，地方交付税の基準財政収入額に算入されるのは，地方税の税収のうち75％であり，残りの25％は各地方公共団体の自由裁量となっており，この25％で「住民……の選好」は充足可能であり，現時点では，この25％では不十分である，という意見はない。したがって，「住民間での選好が大きく異なる」，ということは，その存在の有無も含めて，「中央政府による画一的なサービス供給よりは，地方政府ごとのきめ細かい供給の方が，一般的には望ましい」，という主張の現実の根拠たりえない。

## 2－6　公共サービス供給と所得再分配政策との不可分性

> 中央政府と地方政府の役割分担を明確にして，地方政府の仕事に関して

地方分権を徹底させるのが望ましい。全国レベルでの公共サービスの供給と所得再分配政策は国が担当し，地域レベルでの公共サービスの供給やそのほかの支出は各地方が自主的に担当するのが，あるべき役割分担の姿であろう。

「全国レベルでの公共サービスの供給と所得再分配政策」，が相互に無関係なものとして独立に存在するかのように認識されている。しかし，両者は相互に関連している。「全国レベルでの公共サービスの供給」，の例として防衛サービスを取ると，防衛サービスによる平和維持という便益は全国一律である。他方，そのための費用の財源の国税は，大都市からは多く，中小都市からは少なく徴収される。結局，大都市から中小都市へ地域間所得再分配政策が行われることによって，防衛サービスの供給が行われているのである。「所得再分配政策」が行われることによって「全国レベルでの公共サービスの供給」，が行われるのであって，両者は相互に関連しているのである。

次に，「所得再分配政策は国が担当し」，ということと，「地域レベルでの公共サービスの供給やそのほかの支出は各地方が自主的に担当する」，こととが，両立可能なものとして認識されている。しかし，両立可能ではない。「所得再分配政策は国が担当」，すべきものとすれば，「地域レベルでの公共サービスの供給やそのほかの支出は各地方が自主的に担当する」，ということにはならないし，逆に，「地域レベルでの公共サービスの供給やそのほかの支出は各地方が自主的に担当」，すべきものとすれば，「所得再分配政策は国が担当」，すべきである，とはならないからである。先に，「全国レベルでの公共サービスの供給と所得再分配政策」，とが独立なものとして認識されていたが，ここでも，「地域レベル」とはいえ，「地域レベルでの公共サービスの供給」，が，「所得再分配政策」，とは独立に認識されており，それゆえに，両立可能と認識されているのである。独立ではなく相互に関連していると認識されれば，両立不可能となるのは理の当然である。現行では，「地域レベルでの公共サービスの供給」，については，「各地方が自主的に担当する」，のではなく，国が「所得再分配政策」，として担当するようになっている。現行とは逆に，「地域レベルでの公共サービスの供給やそのほかの支出は各地方が自主的に担当するのが，あるべき役割分担の姿であろう」，というのならば，「所得再分配政策は国が担当し」，という「あるべき役割分担の姿」，は放逐すべきである，ということにならねばならない。

## 2－7　地方公共サービスに関する地域間再分配政策

> 現状では，国が地方交付税などを用いてかなりの規模で地域間の再分配を行っている。所得を地域間で再分配して効用格差を是正しようとするのは，公共サービスの地域間での波及効果や人口移動が多少でもある世界では，必ずしも有効ではない。
>
> 住民移動があれば，どの地域に住んでも同じ効用水準が実現するように市場で調整が行われるはずである。
>
> 単なる所得移転を目的とした地域間再分配政策には，思い切った見直しが必要である。

しかし，地方交付税は，「市場で調整が行われるはず」，の「単なる所得移転を目的とした地域間再分配政策」，ではなく，つまり，一人当たり所得格差を是正するものではなく，地方公共サービスについての「どの地域に住んでも同じ効用水準が実現するように」，非「市場で調整が行われる」，「地域間再分配政策」，なのである。したがって，「単なる所得移転を目的とした地域間再分配政策」，を見直すべきか否かではなく，地方公共サービスに関して「地域間再分配政策」，を見直すべきか否かという形で，問題提起は行われるべきなのである。

地方交付税と関係ないが，「住民移動があれば，どの地域に住んでも同じ効用水準が実現するように市場で調整が行われるはずである」，というが，自由な「住民移動」，が保障されているにも拘らず，戦後，約60年，太平洋ベルト地帯とその他の地域間所得格差は固定して存在し,「行われるはず」, の「はず」, は実現されていないのである。「市場で調整」, されていないのである。

## ２－８　地方交付税の公平優先性・特定財源性・劣後性

各地域ごとに受益と負担を一致させるには，現在の地方交付税を中心とする再分配政策の抜本的な見直しが必要になる。

地方交付税（一般定額補助金）や国庫支出金（特定定率補助金）を大規模に拡充する必要はない。地方間の財源再分配は公平性の観点よりも効率性の観点からの検討が重要である。

公平性の観点から財源を地域間で均等化することは（ナショナル・ミニマムを維持するため以外には）非効率な資源配分をもたらし，かえって望ましくない。財源の地域間格差を是正する地方財政調整制度は，公平性の観点からでなく，効率性の観点から論じられるべきである。

地方間での波及効果を適切に調整できるという意味では，交付税よりは国庫支出金の方が有益である。

地方交付税は,「ナショナル・ミニマムを維持するため以外には」, 制度化されていない。「ナショナル・ミニマムを維持するため」, に, 地方交付税が制度化されていることが是認されるならば,「現在の地方交付税を中心とする再分配政策の抜本的な見直しが必要になる」, ということはなくなり,「抜本的な見直し」, は不必要である, ということになる。「地方交付税（一般定額補助金）や国庫支出金（特定定率補助金）を大規模に拡充する必要はない」, ではなく,「大規模に拡充する必要」, がある, ということになる。

「地方間の財源再分配は公平性の観点」, を優先させ「効率性の観点」, を劣後として制度化することに, 社会的合意が存在する時に,「公平性の観点」, を劣後とし「効率性の観点」, を優先して制度化することを, 正当化するのも, もう一つの価値観のように思われる。もちろん, もう一つの価値観を表明することは，各自の自由である。

「公平性の観点から財源を地域間で均等化すること」，を優先し，それが「非効率な資源配分をもたら」，すことは劣後とする，ことに社会的合意が存在し，その社会的合意を「かえって望ましくない」，とするのも，もう一つの価値観である。

「地方財政調整制度は」，「財源の地域間格差を是正する」，ものとして制度化することに社会的合意が存在しており，それを「公平性の観点からでなく，効率性の観点から論じられるべきである」，とするのも，もう一つの価値観である。

なお，「地方交付税（一般定額補助金）や国庫支出金（特定定率補助金）」，というように，地方交付税を一般補助金，国庫支出金を特定補助金とそれぞれ解するのには疑問がある。まず，地方交付税の交付について言えば，地方公共団体はそれぞれ，特定の支出項目それぞれについて基準財政需要額を算出し，それらを集計した基準財政需要総額から，基準財政収入額を差し引いた後の残額を財源不足額とし，これに対して地方交付税が交付される。したがって地方交付税は，集計された特定の支出項目に支出されるものとして交付されるのであり，地方公共団体が一般に自由に支出できるものではなく，一般補助金とは解せないものである。

次に国庫支出金について言えば，国庫支出金それぞれは特定補助金であるが，地方公共団体はそれぞれ，多種類の国庫支出金を受け，結局は，大体，地方交付税の対象となる特定の支出項目それぞれについて，国庫支出金を交付されている。地方交付税については多種類の特定の支出項目について考えるのであるから，国庫支出金についてはそれぞれ単一のものを考え特定補助金とするのではなく，集計された多種類の特定の支出項目について列挙すべきである。

かくして，特定の支出項目を集計したものとしては，地方交付税と国庫支出金とは同じものになる。異なる点は，国庫支出金が優先され地方交付税は劣後とされる順序関係が両者の間にあるという点であり，その際に，国庫支出金は全国一律に交付されるのに対して，地方交付税は財政力格差に応じて交付される，という点も異なる点である。すなわち，標準団体において単位費用を算出する際に，文字通り必要な費用から，国庫支出金を差し引き，その残額を測定単位で除し，結果を単位費用とし，この単位費用を使い基準財政需要額ひいては財源不足額そして地方交付税を算出するから，国庫支出金が優先され，地方交付税は劣後とされている。つまり，国庫支出金では不足する分を，地方交付税が補填する，ということになっている。

かくして両者には順序関係があり，「交付税よりは国庫支出金の方が有益である」，というような二者択一的な，対等な関係にはないのである。

なお，「現在の地方交付税を中心とする再分配政策」，とか，「公平性の観点から財源を地域間で均等化する」，とか，「財源の地域間格差を是正する地方財政調整制度」，という叙述から明らかなように，地域間所得再分配を行う補助金としては，もっぱら，地方交付税のみが挙げられている。しかし，国庫支出金も，地域間所得再分配を行っている。国庫支出金は全国一律に交付されるが，その財源の国税には地域格差が存在するからである。経済力の高い大都市の地方公共団体でも国庫支出金は交付されるが，それを超過する国税を大都市の法人と個人は納めており，他方，経済力の低い中小都市の法人と個人でも，国庫支出金のための国税を納めているが，それを超過する国庫支出金を中小都市の地方公共団体は交付されており，結局，前者の大都市から，後者の中小都市へ，地域間所得再分配が行われている。

## 2－9　おわりに

本節を，地方交付税の観点から要約すれば次のようになる。

- 地方交付税制度が歳出入ギャップを必要としているのであって，逆ではない。
- 地方税の税率が引上げられても，基準財政収入額が拡大することはなく，したがって地方交付税が減額されることはなく，逆は逆であり，要するに，基準財政収入額は，税率改定と独立の関係にある。
- 基準財政需要額は，住民生活の質に基づいて算出されており，したがって，質的格差が，その大小に直結している。

・　地方公共団体の自助努力がより多く行われるようになっても，基準財政需要額が縮小することはなく，したがって地方交付税が減額されることはなく，逆は逆であり，要するに，基準財政需要額は，自助努力の増減とは独立の関係にある。
・　基準財政需要額の算出の際に，住民選好の基本的部分はその積算項目として算入されており，住民選好の異なる部分は，地方税の税収のうちの25%の留保財源によって，実現可能となっている。
・　地方公共サービスの供給は，地方交付税による地域間所得再分配と独立ではなく不可分であり，地域間所得再分配が全国同一水準の地方公共サービスの供給を可能にしている。
・　地方交付税による地域間所得再分配は，一人当たり所得格差に基づいて行われているのではなく，したがってその是正を目的としているのではなく，全国同一水準の地方公共サービスの実現を目的としている。
・　地方交付税は，ナショナル・ミニマムを維持するため以外には制度化されておらず，そのためにのみ，公平性の観点から制度化されている。国庫支出金も同様であり，効率性の観点からは制度化されていない。
・　地方交付税は一般財源ではなく，国庫支出金と同様に特定財源である。
・　地方交付税は，国庫支出金で不足する分を補填する，というように制度化されており，両者は，国庫支出金が優先され，地方交付税は劣後とされる，という順序関係にある。

## 3　地方交付税の大都市交付の「正当性」

### 3－1　地方交付税の大都市交付の「正当性」

**“しゃぶらせる”**

機関委任事務は地方政府の首長を「国の機関」と見なして，地方政府に国の仕事（事務）を執行させていく仕組みである。しかし，日本の地方政府は，機関委任事務のような指令という，いわば「北風」的統制によってのみ，国の出先機関となっているわけではない。補助金のようなアメをしゃぶらせるという「太陽」的統制によっても，地方政府は巧妙にコントロールされている。

「しゃぶ」，る主体は，直接的には地方公共団体であるが，窮極的には，そこから便益を受益する地域住民である。他方，「しゃぶらせる」，主体は，直接的には国であるが，その財源は国税であり，その負担者は国民であるから，窮極的には国民である。国民は地域住民であり，地域住民は国民であるから，結局，「しゃぶ」，る主体と，「しゃぶらせる」，主体は，同一であり，地域住民＝国民である。そして，「しゃぶ」る便益の大きさと，「しゃぶらせる」国税の大きさは，国会において，「しゃぶらせる」，国民と，「しゃぶ」，る地域住民とが，要するに，同一主体が決定している。自分で自分のことを決定している。「しゃぶ」る主体と，「しゃぶらせる」，主体とは，相異なる主体ではなく，したがって，「しゃぶ」，る主体とは無関係に，「しゃぶらせる」，主体が，「しゃぶらせる」，大きさを決定しているのではない。なお，後述するが，「しゃぶ」，るアメつまり補助金のうち国税超過分を「しゃぶ」，る地域住民が，「しゃぶらせる」，国民として負担しているのではない。

“しゃぶらせる”，という言語表現を行うことは，結論から先に言えば，補助金を考察する際に，経済力の高い地域の大都市を，したがってそこの地域住民そして国民を，暗黙裏に除外していることになっている。

大都市の地方公共団体にも国庫支出金が交付されている。東京都のような巨大都市の地方公共団体でもそうである。地方交付税も，東京都を除いて，大都市の地方公共団体にも交付されている。これらを，大都市の地方公共団体でも補助金が交付されている，と称することにする。

他方，大都市の地域住民の法人と個人は，国民として，補助金のための国税を納めている。その際に，大都市の地方公共団体へ交付される補助金を超過する国税を納めている。

大都市の地方公共団体は，窮極的には地域住民であるので，大都市の地方公共団体への補助金の交付とは，国は，一方で大都市の地域住民から国税を徴収し，他方で，同じ大都市の地域住民へ，国税を下回る補助金しか交付していない，ということである。かような国税を下回る補助金交付について，“しゃぶらせる”，という言語表現は当て嵌まらない。“しゃぶらせる”，という言語表現が行われる時は，補助金考察の対象から，大都市が除外されている，とする所以である。

「地方政府は巧妙にコントロールされている」，という場合の地方政府から，大都市の地方公共団体つまり地域住民は除外されている。経済力の低い地域である中小都市の地方公共団体は，その地域の法人と個人が納める国税を超過する補助金を欲するが故に，国に，中小都市の地方公共団体つまり「地方政府は巧妙にコントロールされている」，ということになるのである。一般的には，地方政府は中央政府に対する対概念であり，制度上の関係概念なので，それには，中央の大都市の地方公共団体も含まれるのであるが，ここでは，地方政府の地方は，中央の大都市に対する地方の中小都市という，地域間の概念になっており，「地方政府はコントロールされている」，という場合の地方政府から，大都市の地方公共団体は除外されている。

大都市の法人と個人が納付する国税のうち，補助金の超過分相等額は，経済力の低い地域の中小都市へ，再分配されている。この再分配が正当化されるのであれば，補助金の大都市交付には「正当性」，がある。“大都市は，経済力が高いのに，補助金を交付されるのは望ましくない”ということにはならないからである。大都市にはグロスでは補助金が交付されているが，ネットでは，交付されていないどころか，マイナスの補助金を交付されている，つまり，国税のうち補助金超過分だけ，いわば外部に差し出している。大都市への補助金は，国税のうち，いわば補助金相等額の回収でしかなく，国から言えば，“返却”でしかないのである。かような回収あるいは“返却”に「正当性」，があるのは当然である。

さて，「しゃぶ」，る地域住民が，他方で，「しゃぶらせる」，国民であるとする場合，その国民とは具体的には，国民の代理人の地元選出国会議員である。地元選出国会議員が，補助金のうち国税超過分という利益を，地元に誘導しているのである。大都市への補助金は，国税のうち，いわば補助金相等額の回収でしかないので，それは，「しゃぶ」，ることでもなければ，「しゃぶらされる」，ことでもないのである。

### “施し”

> 「太陽」的統制をブレークスルーするには，補助金，つまり国庫支出金という中央政府からの“施し”に頼らずに，地方政府が自分の力で調達する自主財源を増加させ，自分の「財布」を自分で管理できるようになる必要がある。

“施し”についても「しゃぶらせる」，と同様の指摘が可能である。“施し”の受益者は窮極的には地域住民であり，他方，「施し」，の供与者は窮極的には国民であり，結局「施し」の受益者と，「施し」，の供与者とは，同一主体である。この同一主体が，国会において，「施し」，の受益の大きさと，「施し」，の財源の大きさとを決定している。「施し」，の受益者と，「施し」，の供与者とは，相異なる主体なのではなく，したがって，「施し」，の受益者とは無関係に，「施し」，の供与者が，「施し」，の大きさを決定しているのではない。

「補助金，つまり国庫支出金という中央政府からの“施し”」，という叙述から明らかなように，国庫支出金を“施し”と解している。しかし，そのような理解には問題がある。というのは，国庫支出金が交付される地域の住民も，国庫支出金のための財源の国税を，国民として納めており，仮に，国庫支出金を国税が下回る場合，交付される国庫支出金のうち国税相等額は，単なる回収でしかなく，文字通り，“施し”に値するのは，国庫支出金のうち国税超過分だからである。“施し”を，国庫支出金のうち国税超過分であるとすると，“施し”

の受益者である地域住民が，他方で，国民として“施し”の供与者であるとしても，その“施し”を負担しているのではない，ということになる。

後で断るまでは，以下，“施し”は，国庫支出金のうち国税超過分ではなく，国庫支出金と考えて論を進めることにする。

「国庫支出金という中央政府からの“施し”に頼らず，地方政府が自分の力で調達する自主財源を増加させ，自分の『財布』を自分で管理できるようになる」，ということは，“施し”の財源を，国税から地方税に移管する，ということであり，そのことを，“施し”の受益者でもある地域住民が，“施し”の供与者でもある国民として，国会において決定するということである。“施し”の受益者と，“施し”の供与者とは，相異なる主体ではなく，したがって，“施し”の受益者と無関係に，“施し”の供与者が，“施し”の大きさを決定しているのではない。なお，ここでの“施し”は，「国庫支出金という中央政府からの“施し”」，であって，国庫支出金であり，後述する，国庫支出金のうち国税超過分という，いわばネットでの補助金ではないことを再度，注意しておく。

「頼らずに」，という場合，頼る主体は地域住民であり，頼られる主体は国民である。したがって，「頼らずに」，ということは，頼られる主体を，国民としての自己から，地域住民としての自己に変更する，ということである。自分が受ける便益に対する負担を，自分で負うが，その負担の支払先を，国から地方公共団体に変更する，ということである。頼る主体と，頼られる主体とは，相異なる主体ではなく，したがって，頼る主体とは無関係に，頼られる主体が，頼られる大きさを決定しているのではない。

「地方政府が自分の力で調達する」，ということは，国民が背後に存在する国が「自分の力で調達する」，方式から，地域住民が背後に存在する「地方政府が自分の力で調達する」，方式に，変更する，ということであり，変更することを，地域住民でもある国民が，国会で決定する，ということである。「自分の力で調達する」，国の背後に存在する国民と，「自分の力で調達する」地域住民とは，相異なる主体ではなく，同じ主体である。

「自主財源」，の対概念は，依存財源である。これは国税であり，依存させるのが国で，依存するのが地方公共団体で，あたかも相異なる主体が存在するかのようである。しかし，依存させる国の背後には国税の負担者としての国民が存在し，他方，依存する地方公共団体の背後には地方公共サービスの受益者としての地域住民が存在し，国民は地域住民であり，逆は逆，なので，相異なる主体が存在するのではない。自分で自分に依存させ，依存しているのである。かような次第なので，「自主財源を増加させ」，というのも，国民であり地域住民でもある同一主体が，受益する公共サービスの財源の負担において，国民として負担する国税の比率を引き下げ，地域住民として負担する地方税の比率を引上げる，ということである。文字通り，他の主体に依存する部分を減らし，自己負担部分を増やす，ということではない。そして「自主財源を増加」，させるということ自体も，地域住民として地方議会において決定するのではなく，国民として国会において決定するのである。

「自主財源を増加させ」，ることによって，初めて，「自分の『財布』を自分で管理できるようになる」，のではない。「自主財源を増加させ」，ていない場合でも，「自分の『財布』を自分で管理でき」，ているのである。しかも，「自分の『財布』を自分で管理でき」，ている対象は，たんに自主財源だけでなく，依存財源もそうである。依存財源についても，「自分の『財布』を自分で管理できる」，ということが，当て嵌まるのである。

ある地方公共サービスの財源構成が，国庫負担８割，地方負担２割となっているとしよう。地域住民は，国民として，国庫負担８割を国税で負担しており，その限りで，「自分の『財布』を自分で管理でき」，ているのである。他方，国民は，地域住民として，地方負担２割を地方税で負担しており，その限りで，「自分の『財布』を自分で管理でき」，ているのである。自主財源についてのみ「自分の『財布』を自分で管理できる」，という発想が可能なのは，地域住民は依存財源を，自分達以外の他の国民に負担させる，つまり，地域住民自身は国税を納めていない，という，あり得ない仮定を置く場合である。

これまでは，“施し”を国庫支出金と同義としてきたが，以下では，国庫支出金のうち国税を超過する分として考えてゆく。

この“施し”という言語表現が行われる場合にも，先に，“しゃぶらせる”，という言語表現が行われる場合に指摘したことと，同様のことが指摘可能である。ここでも，経済力の高い地域の大都市が，補助金考察の対象から，除外されている。

大都市は，ネットでは，“施し”の正反対のマイナスの“施し”を受けている，つまり，“施し”を行っている。国税のうち補助金超過分だけ，ネットの“施し”を行っている。「頼らずに」，とは正反対に，「頼ら」，れている。かくして，「“施し”に頼」，っている 「地方政府」，から，大都市は除外されている。先に述べたのと同じ理由によって，大都市のネットでの“施し”が正当化されれば，大都市への補助金交付には，国税のうちの補助金相等額の回収であり返却でしかないということから，「正当性」，がある，ということになる。

さて，国庫支出金としての補助金を廃止して，国税を地方税に移管することによって，「自分の力で調達する自主財源を増加させ，自分の『財布』を自分で管理できるようになる」，のは，ここで考察対象にしている中小都市ではなく，除外している大都市である。中小都市は，国税の地方税への移管によって，「自分の力で調達する自主財源を増加させ」ることはできるが，地方税の増加分は補助金の減少分を下回るので，「自分の『財布』を自分で管理でき」，なく「なる」，からである。逆に，大都市は，地方税の増加分は補助金の減少分を上回ることになる。中小都市は，国庫支出金としての「“施し”に頼」，る状態を維持し，「自分の力で調達する自主財源を増加させ」，ようなどとはせず，「自分の『財布』を自分で管理」，しようとはしない方が，中小都市のためかもしれない。先に，「しゃぶらせる」，場合について述べたのと同様に，国庫支出金のうちの国税超過分としての“施し”を受ける地域住民が，他方で，補助金を行う国民であるとする場合，その国民とは具体的には，国民の代理人の地元選出国会議員である。地元選出国会議員が，補助金のうち国税超過分という利益を，地元に誘導しているのである。大都市への補助金は，国税のうち，いわば補助金相等額の回収でしかないので，それは，“施し”を受けることでもなければ，“施し”を行うことでもないのである。

**“親からの仕送り”**

> 子供が親からの仕送りに頼っていてはいつまでも自立できないように，あくまでも自主財源の拡充を基本戦略としなければ，地方政府は国から独立し，対等の関係に立つことはできない。

「子供が親からの仕送りに頼っていてはいつまでも自立できない」，という叙述においては，子供が窮極的には地域住民を意味し，親が窮極的には国民を意味しているのは当然として，子供と親とが別人格であると想定されている。というのは，仮に同一人格であるとすると，「頼っていてはいつまでも自立できない」，という叙述が，自分に「頼っていてはいつまでも」，自分から「自立できない」，ということになり，論理矛盾を来すからである。ただ，別人格と想定することは，ありえない仮定を置いていることになる。すなわち，地域住民が受ける仕送り，つまり補助金のための国税は，それらの地域住民以外の国民が負担している，つまり，それらの地域住民は国民として国税は負担していない，という，ありえない仮定を置いていることになる。同一人格と考え，「頼っていてはいつまでも自立できない」，ではなく，「頼っていて」，「自立でき」，ている，と解するのが自然である。地域住民としては，地方税の負担と，それによる便益は認識可能だが，国民としては，国税の負担と，それによる便益は認識不可能とするのには，無理がある。

先に，“しゃぶらせる”と“施し”それぞれの言語表現について行った指摘と同様の指摘がここでも可能である。ここでも，補助金考察の対象から，大都市が除外されている。というのは，大都市は，「親からの仕送りに頼っていて」，ではなく，その正反対に，マイナスの「仕送り」，を受けており，つまり，国税のうち補助金超過分だけ，ネットで「仕送り」，を行っているからである。「自主財源の拡充を基本戦略としなければ，地方政府は国から自立し，対等の関係に立つことはできない」，のは，ここで考察の対象外とされている大都市については当て嵌まるとしても，ここで考察対象とされている中小都市には当て嵌まらない。というのは，「自主財源の拡充を基本戦略と」，す「れば，地方政府は国から自立し，対等の関係に立つことはできない」，ことになると推測されるからである。つまり，「自主財源の拡充」，分は，補助金の減少分を下回り，「地方政府は国から自立し，対等の関係に立つことはできない」，ことになると推測されるからである。「自主財源の拡充」，分が，補助金の減少分を下回っても，「国から自立し，対等の関係に立つこと」も，一つの選択肢ではある。大都市の国税のうち補助金相等額を超過する分が，ネットでの「仕送り」，として正当化されるならば，大都市への補助金は，単なる回収であり返却であるので，「正当性」，を持つことになる。

先に，「しゃぶらせる」，場合と，「施し」，の場合について述べたのと同様に，「仕送り」，を受ける「子供」，つまり地域住民が，他方で，「仕送り」，を行う「親」，つまり国民であるとする場合，その国民とは具体的には，国民の代理人の地元選出国会議員である。地元選出国会議員が，補助金のうち国税超過分という利益を，地元に誘導しているのである。大都市への補助金は，国税のうち，いわば補助金相等額の回収でしかないので，それは，「子供」，としての「仕送り」，を受けることでもなければ，「親」，として「仕送り」，を行うことでもないのである。

### 3－2　地方交付税の特定財源性

> 地方税という自主財源よりも，交付税のように自由に使用できる国からの財源移転の方が，地域間格差を拡大させないから望ましいという考え方も強い。

「交付税のように自由に使用できる財源」というのは，事実ではない。つまり，地方交付税は，地方公共団体が，「自由に使用できる財源」ではない。

そもそも地方交付税は，各地方公共団体の算出された財源不足額に対して交付される。この財源不足額は，基準財政需要総額から，税収から成る基準財政収入額を差し引いた後の残額であるが，前者の基準財政需要総額は，民生費・教育費・土木費などが細分化された特定の各支出項目について算出した基準財政需要額を合計したものである。結局，地方交付税は，特定の各支出項目に関する不足額に対して交付されるものなのである。特定の各支出項目に充当されるものとして交付されるのである。特定の各支出項目について積算したものに対して交付されたものを，「自由に使用できる財源」，だからと言って，他に流用することは不可能である。他に流用するとすれば，それは，単純な詐欺行為である。

## ３－３　国庫支出金による地域間所得再分配

国庫支出金，すなわち補助金とは，地方政府が他の地域社会から財源を調達していることを意味する。

ここで，「地方政府が」，というのは，厳密に言えば，「地方政府」，が存在する地域社会「が」，ということであり，この場合は具体的には，「地方政府」，が存在する経済力の低い地域社会「が」，ということである。しかし，「国庫支出金……とは，地方政府」，が存在する経済力の低い地域社会 「が他の地域社会から財源を調達していることを意味する」，ということはない。一方的に「財源を調達していること」，はない。経済力の低い地域社会でも，国庫支出金のための財源の国税を納めているからである。ただ，国庫支出金を下回る国税しか納めていない，ということである。結局，正確に言えば，経済力の低い地域社会に関する限り，「国庫支出金……とは」，国税相等額を回収し，国税超過分については，「地方政府」，が存在する経済力の低い地域社会「が他の地域社会から財源を調達していることを意味する」，のである。

「国庫支出金……とは，地方政府が他の地域社会から財源を調達していることを意味する」，ということは，逆に言えば，「国庫支出金……とは」，経済力の高い地域社会「が他の地域社会」，に対して国税を納めて「財源を」，供与

「していることを意味する」，ということになる。しかし，そういうことはない。一方的に，国税を納めて「財源を」，供与「していること」，はない。経済力の高い地域社会でも，国庫支出金の交付は受けているからである。ただ，国税を下回る国庫支出金しか交付されていない，ということである。結局，正確に言えば，経済力の高い地域社会に関する限り，「国庫支出金……とは」，国税のうち，いわば国庫支出金相等額を回収し，国庫支出金超過分については，経済力の高い地域社会「が他の地域社会」，に対して「財源を」，供与「していることを意味する」，のである。

かくして，後者の国庫支出金超過分は，前者の国税超過分となり，地域間所得再分配が行われていることになる。国庫支出金においても，地域間所得再分配が行われているのである。経済力の高低と関係なく，全国一律に国庫支出金は交付され，その中で，地域間所得再分配が行われているのである。

国庫支出金超過分が，国税超過分に充当されることが正当化されるならば，経済力の高い地域社会に対する国庫支出金つまり補助金には，「正当性」，がある。それは，国税のうち補助金相等額の回収でしかないからである。

## 3－4　仕事と自主財源とのかい離による地域間所得再分配

日本では公共の仕事は，国と地方政府で一対二で分担しているのに，租税は国と地方に二対一と逆転して配分されている。それは地方政府に仕事だけをゆだね，自主財源を与えようとはしなかったことを意味する。しかも仕事と自主財源のかい離を利用し，補助金の交付によって地方政府を巧妙にコントロールしてきたといってよい。

しかし，高齢化社会に向かい，地方政府にゆだねられる公共の仕事が激増，かつ地域社会の実情に即した多様で個性的な仕事が求められている。それを可能にするには補助金を再編し削減するとともに，国税と地方税の税源配分を見直し，仕事と自主財源とのかい離を解消する必要がある。

もちろん，地方政府も課税努力を重ねる必要がある。しかし，現在のように所得税，消費税あるいは法人税という基幹税（キータックス）をすべて国が握り，地方政府の税源利用可能性を排除した上で，地方政府の課税努力を説いてみても，ただ空々しいだけである。地方政府が公共の仕事の三分の二以上をしている以上，基幹税を国と地方で少なくとも対等に分け合い，その上で相互に課税努力を重ねるべきであろう。

結論から先に言えば，「地方政府に仕事だけを委ね，自主財源を与えようとはしなかった」，のは，地域間所得再分配によって全国同一水準の地方公共サービスを実現するためであった。同じことを言い換えただけだから，「仕事と自主財源のかい離を利用し」，たのは，そういう目的であったということになり，「地方政府を巧妙にコントロール」，するためではなかった，ということになる。「仕事と自主財源とのかい離を解消する」，ことは，地域間所得再分配を廃止することを意味する。

「基幹税を国と地方で少なくとも対等に分け合い」，ということを実行することは，地域間所得再分配の程度を緩和することを意味する。

以下，より具体的に述べてゆくことにする。

以下でも，これまでと同様に，国税のうち，補助金に充当されるものだけを考え，これを国税と称することにする。

「仕事と自主財源のかい離」，を補填する方法には次のように，二とおりあり，以下の前半で論ずる一つの方法は，現行のものであり，後半で論ずるもう一つの方法は，「仕事と自主財源とのかい離を解消する必要がある」，とする今後のものと同様のものである。

一方で各地方公共団体の「仕事と自主財源のかい離」，すべてを国税と無関係に集計し，それは，かい離総額と称することにするが，他方で，各地域で徴集した国税をかい離と無関係に集計し，それは，国税総額と称することにするが，前者のかい離総額と後者の国税総額とが均等になることだけを条件とする。したがって，ある地域において，国税がかい離を超過して国税に関してかい離超過額が存在し，逆に，他の地域においては，国税がかい離に不足して国税に関してかい離不足額が存在したとしても，かい離超過あるいはかい離不足それぞれは問題視されず，たんにかい離総額と国税総額とが等しくなることだけを条件とするが故に，かい離超過額と，かい離不足額とが等しくなりさえすればよいということになる。かい離と国税とが相互に無関係に集計され，総額の均等化だけを条件とすることが，かような過不足を許容するのである。

具体的には，経済力の高い地域の大都市には，かい離超過額が存在し，逆に，経済力の低い地域の中小都市には，かい離不足額が存在し，総額の均等化という条件の下に，前者によって後者が補填され，結果的に，地域間所得再分配が行われることになる。経済力の低い地域の中小都市の地方公共団体である「地方政府に仕事だけを委ね，自主財源を与えようとしなかった」，のも，大都市のかい離超過額によって中小都市のかい離不足額を補填するためだったのであり，中小都市にはかい離不足額を存在させていたが故に，「仕事と自主財源のかい離を利用し，補助金の交付によって」，中小都市の地方公共団体である「地方政府を巧妙にコントロールしてきた」，のである。大都市の地方公共団体は，「仕事だけを委ね，自主財源を与えようとしなかった」，としても痛痒を感じなかったし，また，「仕事と自主財源のかい離を利用し，補助金の交付によって」，「巧妙にコントロール」，する対象でもなかった。かように，ここでも，「地方政府」，から，経済力の高い地域の大都市の地方公共団体は除外されている，と言ってよい。

「仕事と自主財源のかい離」，を補填する，もう一つの方法は，各地域で徴収した国税をその儘その地域の地方公共団体に交付つまり“返却”する方法である。そうすると，経済力の低い地域の中小都市では，先に見た方法における，かい離不足額が現実に生じ，「仕事と自主財源とのかい離を解消する」ためには，かい離不足額に対応する分だけ，仕事を減らすことになる。国税を地方税に移管すると同じようになる。したがって経済力の低い地域の中小都市においては，「補助金を再編し削減するとともに，国税と地方税の税源配分を見直し，仕事と自主財源とのかい離を解消する」，と，「高齢化社会に向かい，地方政府に委ねられる公共の仕事が激増，かつ地域社会の実情に即した多様で個性的な仕事が求められている。それを可能にする」，ではなく，逆に，不可能にする。「可能にする」，のは，経済力の高い地域の大都市においてである。

## 3－5　おわりに

以上で検討してきた論稿では，暗黙裏に，国が国庫支出金と地方交付税とを交付する地方公共団体としては，経済力の低い地域の地方公共団体が想定され考察されているが，これは，国庫支出金制度と地方交付税制度の全体の中では，一面でしかない。すなわち，経済力の高い地域の地方公共団体に対する，国庫支出金と地方交付税との交付は，低い地域の地方公共団体に対するものとは逆の性格をもち，その限りで，これは，他面ということになるが，国庫支出金制度と地方交付税制度とは，これら，両面，相俟って相補する関係の中で，機能しているのである。経済力の高い地域の地方公共団体に対する，国庫支出金と地方交付税の交付は，暗黙裏に，不合理のように想定され，除外されているが，しかし，それは，不合理でも何でもなく，きわめて正当である。

また，経済力の低い地域については，国庫支出金と地方交付税とが交付される側面しか考察されていないが，この地域でも，国庫支出金と地方交付税の財源の国税を納付しており，これも考察対象にさるべきである。国庫支出金と地方交付税とを交付されているにも拘らず，他方で両者のための国税を納めてもいるのである。これも不合理でも何でもない。きわめて正当である。

同様に，経済力の高い地域も，両者の財源のための国税を納めている。国税を納めつつ，国庫支出金と地方交付税が交付されているのである。

そして，経済力の低い地域住民は，国庫支出金と地方交付税とを交付される存在としてしか考察対象となっていないが，これらの地域住民は，他方では，国庫支出金と地方交付税を交付する国の国民でもあり，そのようなものとしても考察される必要がある。同様に，経済力の高い地域の地域住民も，他方では，国民である。

さて，国庫支出金制度と地方交付税制度の全体の中で，経済力の高い地域から，低い地域への，所得再分配が行われている。その際，経済力の高い地域の地方公共団体に，補助金が交付されているが，それには「正当性」がある。所得再分配が正当化されるならば，その補助金の交付は，国税のうちの，いわば補助金相等額の回収でしかないからである。

結局，国庫支出金と地方交付税とを明確にするために何よりも必要不可欠なことは，国庫支出金と地方交付税は，経済力の高い地域の大都市の地方公共団体にも交付されている，ということを視野に入れることである。

国庫支出金と地方交付税は補助金であり，補助金は，経済力の低い地域に交付されるのが当然と考え，両者について論ずる時は，経済力の低い地域の中小都市の地方公共団体を視野に入れ，それによって，補助金が交付される対象は中小都市の地方公共団体が全てである，と暗黙裏に想定しがちである。しかし，補助金が交付されるのは，経済力が低いからだけではなく，「仕事と自主財源のかい離」が，制度的に創出されているからである。経済力の高い地域の大都市の地方公共団体と雖も，同様である。経済力の高い地域の大都市の地方公共団体においても，「仕事と自主財源のかい離」は厳然として創出されているのである。地方交付税の不交付団体にも国庫支出金だけは交付されていることが，想到さるべきである。

地方政府対中央政府という場合の地方政府という用語を使用し，地方政府に国庫支出金と地方交付税が交付されるとし，その際，暗黙裏に，地方政府の地方が，中央政府の中央という言葉に引っ張られて，地方都市対中央都市という地理的な意味での地方と解され，補助金が交付される対象は地方都市の地方公共団体だけであると，想定しがちである。地方都市は，経済力の低い地域であり，また，中小都市でもあることから，補助金が交付される対象は，地方中小都市の地方公共団体だけである，と想定しがちである。地方政府対中央政府というのは，制度上の概念であるから，地方政府には，本来，東京都などの巨大都市の地方公共団体も，含められるはずであるが，補助金が論ぜられる時は，それは地方政府には含められないのが，一般的である。

さて，補助金の交付の対象として，経済力の高い地域の大都市の地方公共団体を視野に入れることと対となって必要不可欠なことは，経済力の低い地域の地域住民も，補助金の財源を負担していること，つまり，国税を納めていることを，視野に入れることである。

補助される側が，補助金の財源を負担するのは形容矛盾であると，潜在意識下で当然視する所為か，国税について言及されることは一般にはなく，いわば顕示的に言及されるのはもっぱら補助金のみである。なるほど，補助金を交付される地方公共団体自身は，補助金の財源の国税を負担してはいない。しかし，補助金を交付されているのは，直接的には地方公共団体であるとしても，窮極的には地域住民であり，その地域住民が，補助金のための国税を負担しているのである。ともあれ，経済力の低い地域の地域住民は，一方で補助金を交付されつつ，他方で，その補助金のための財源の国税を納付していること，これを視野に入れることが，先に述べたことと対となって必要不可欠なことである。

経済力の低い地域の地域住民が，補助金のための国税を負担している，ということは，地域住民は同時に国民として，補助金を交付している，ということである。交付される側の主体が，同時に，交付する側での主体でもあるということである。そうすると，それに随伴して，国民に，経済力の高い地域の地域住民も，国民として包含されることになり，この地域住民も，補助金のための国税を納付している，ということが俎上に載せられることになる。

かくして全ての舞台装置が整えられたことになる。一方で，経済力の低い地域の地方公共団体への国庫支出金と地方交付税だけでなく，高い地域の地方公共団体へのそれも視野に入れ，他方で，経済力の低い地域の地域住民の国税を視野に入れ，それに随伴して高い地域の地域住民の国税が視野に入ってきて，全体としての補助金と国税とが整うからである。このような全体の中で，国税の補助による地域間所得再分配が明確になるのである。国庫支出金と地方交付税の意義が明確になるのである。補助金が経済力の低い地域に交付される，というのは，全体の中の一面でしかなく，そこを詳細に検討しても，国庫支出金と地方交付税に関する本格的議論は一歩も先に進まないように思われるのである。

# 第4章

# 直轄事業負担金と国庫支出金・地方交付税

## 1　はじめに

いわゆる直轄事業負担金については，地方分権との関係で多様に論じられている。本章では，この直轄事業負担金を，国庫支出金と地方交付税との関係で論じ，結果として地方分権との関係で論ずることにする。その際に，本章では，中里　透［2009］を手掛かりとし，これの検討を通して，本章の課題を果たしたい。それというのも，同稿は，直轄事業負担金に関して必要不可欠な論点を網羅して論じており，十二分に検討に値するからである。以下，同稿の一部を引用文として掲げるときは，引用文を実線で囲むことにし，引用文の一部を引用しながら論ずるときには，それにカギ括弧「　」あるいは『　』を付けることにする。また，本章では，地方交付税制度研究会編［2008］も引用するが，同様の扱いをする。

## 2　本章の結論

本章の結論は，本来ならば，本章の最後に，おわりに，において述べるべきであるが，議論を進めるにあたって，論点を明確にするために，あらかじめ，ここにおいて，本章の結論を述べておくことにする。次のとおりである。

直轄事業が供給する公共サービスのうち，地方公共団体が負担金を負担する部分は，その直轄事業が行われる地域における地方公共サービスの部分である。

その直轄事業が行われる地域の住民が，国民としてではなく，いわば地域住民として利用する地方公共サービスの部分である。同じ直轄事業が供給する公共サービスのうち，その直轄事業が行われる地域の住民が，いわば地域住民として利用する地方公共サービスの部分である。

負担金が，地方公共サービスと実質的に見合っているか否かはさておき，タテマエとしては見合っていることになっている。本章では，見合っているとして論を進めることにする。「国の直轄事業における地方（自治体）の負担割合は事業の種類によって異なるが，公共施設の建設については３分の１，維持管理については10分の4.5とすることが基本となっている」，ので，直轄事業が供給する公共サービスのうち，この割合の部分が，その直轄事業が行われる地域における地方公共サービスである，ということになる。例えば，国道と言っても，ある地域の国道を，その地域住民と，全国のいわば国民とが，等しく利用するのではなく，利用者の半分弱は地域住民である，ということである。実際は大半と思われる。

したがって，地方公共団体が，国に対して，直轄事業負担金を支払うということは，直轄事業の費用のうち，国が地方公共団体の代理として行った事業のための費用を，支払う，ということである。それは，地方公共団体の，国に対する補助金ではなく，地方公共団体が支払うべき費用である。国は，その費用と，国自身が負担すべき費用とを，一括して，いわば建設業者と維持管理業者とに支払うことになる。一括して支払う必要は無いし，別々に支払っても，大した出費増でもないので，無用の誤解を招かないために，別々の支払いが考えられてもよいが，少々の二度手間を省いただけのことである。

この直轄事業負担金の各地方公共団体における財源は，それぞれの地方税収と，それぞれに交付された国庫支出金・地方交付税である。直轄事業負担金は全国同一であるが，財源における割合は，地方税収については地域の経済力が高くなるにしたがって大きくなり，国庫支出金は全国同一で，地方交付税については地域の経済力が高くなるにしたがって小さくなる。

国庫支出金と地方交付税の財源は国税であるが，この国税には，地域の経済力が高くなるにしたがって大きくなる，という地域格差がある。この国税の地域格差ゆえに，経済力の高い地域における地域住民は，その地域の地方公共団体へ交付された国庫支出金と地方交付税の合計を超過して，国庫支出金と地方交付税の財源のための国税を，国民として納めており，逆は逆，である。これは取りも直さず，各地域において，それぞれの地方公共団体が支払う直轄事業負担金は同一であるが，実質的には，直轄事業負担金に関して，経済力の高い地域における地域住民は，国民として，直轄事業負担金を超過して負担しており，逆は逆，ということである。

現行の地方交付税と国庫支出金の基本的目標は，地域間所得再分配によって，全国同一水準の地方公共サービスを供給することである。これは国会で法律として決定され，立法化されている。現行の直轄事業負担金の制度は，全国同一水準の地方公共サービスの供給を可能にしていることになる。

論者によって定義が異なるが，本章では，徹底した地方分権とは，地方交付税と国庫支出金とを廃止して，そのための国税を地方税に移管し，各地方公共団体がそれぞれ独自に地方公共サービスを供給し，結果的に全国的に相異なる水準の地方公共サービスを供給することになる，と定義する。これは，法改定で可能である。現行の直轄事業負担金の改定は地方分権の推進になりうる。この改定に対して，経済力の低い地域の住民は反対する可能性がある。

『統制と従属』とか，「隷属」とか，『庇護と依存』ということは，究極的にはありえない。直轄事業によって地方公共サービスを受ける地域住民は，直轄事業に関して，地域住民として地方税を負担し，同時に，国民として，国庫支出金と地方交付税のための国税を負担している。一般的に言えば，各経済主体は，地方公共サービスを需要し，同時に，地方税と国税とを供給している，ということになる。そして，このことを，各経済主体は，国民として，国会で決定している。いわば，自己決定している。究極的には，自分で自分を『統制』し，自分で自分に『従属』し，自分で自分に「隷属」し，自分で自分を『庇護』し，自分で自分に『依存』し，これら，『統制と従属』，「隷属」，『庇護と依存』を，国会において自分で決定しているのである。

## 3　既存文献

次の４から11において検討する部分の全体をあらかじめ，次のように，掲げておく（９で引用する部分は，以下の部分ではない）。（13と14でそれぞれ検討する部分は，次の部分ではない）。

> 必置規制（国が自治体に特定の機関の設置や人員の配置を義務付ける措置）や補助金による政策誘導，国の法律による課税自主権の制約，起債統制といった「統制と従属」の側面を強調して国と地方の関係をとらえると，国による規制を撤廃あるいは緩和して自治体を隷属から解放することが「地方分権改革」だということになる。
>
> この観点から直轄負担金の問題を考えると，事業を縮減して地方の負担を軽減し，行財政運営の自由度を高めることが，この問題の解決にあたってのポイントということになる。直轄事業を，スピルオーバーが全国にわたるような事業に限定すれば，特定の自治体に費用の分担を求める必要はなくなるから，このシナリオの下では，直轄負担金廃止も合理性を持つことになる。
>
> 一方，国と地方の関係を，国からの財政移転を通じた「庇護（ひご）と依存」の関係としてとらえると，国が何らかの財政措置によって直轄負担金に関する自治体の負担を軽減することが，この問題を巡る議論のポイントということになる。実際，今年度については，国による応急的な財政措置（地域活性化・公共投資臨時交付金）によって直轄負担金の実質的な負担を大幅に軽減する措置が講じられている。
>
> この方向での問題解決は地方の財源不足を地方交付税や特例交付金によって補てんする「地方財政対策」のスキームの延長線上で理解可能であり，既存の制度との親和性が高いというメリットがある。また，この対応策の下では直轄事業の縮減を伴うことなく地方の負担を軽減することができることから，制度の見直しに伴うさまざまなあつれきを回避できるとい

う点で無難な解決策といえるかもしれない。

## 4　「統制と従属」――統制主体と従属主体との究極的同一性――

直接的には，統制する主体は国であり，従属する主体は自治体であり，この限りでは，統制する主体と従属する主体とは，相異なる別々の主体である。

しかし，究極的には，統制する主体と従属する主体とは，同一の主体である。自分が自分を「統制」し，自分が自分に「従属」している。統制する主体と従属する主体とは，同一の主体なのである。

「必置規制（国が自治体に特定の機関の設置や人員の配置を義務付ける措置）や補助金による政策誘導，国の法律による課税自主権の制約，起債統制」，という「統制と従属」，は，法律によって，規定されている事柄である。この法律は，国会において決定されている。国会の国会議員は，選挙によって，国民に選ばれている。結局，間接的ではあるが，「必置規制（国が自治体に特定の機関の設置や人員の配置を義務付ける措置）や補助金による政策誘導，国の法律による課税自主権の制約，起債統制」，という「統制と従属」，は，国民が決定しているのである。

統制することを決定しているのは，国民である。従属することを決定しているのは，国民である。「統制と従属」，を決定しているのは，国民である。

統制する国とは，行政府である。行政府とは，法律の執行者である。法律は，国民が決定しているのであるから，行政府は，国民の代理人であり，結局，統制する国とは，国民である，ということになる。

他方，「必置規制（国が自治体に特定の機関の設置や人員の配置を義務付ける措置）や補助金による政策誘導，国の法律による課税自主権の制約，起債統制」，という「統制と従属」，によって，従属しているのは，直接的には，自治体＝地方公共団体だが，究極的には，地方公共団体が存在する地域の住民である。地域住民である。

地域住民は，同時に，国民であり，国民は，同時に，地域住民である。国民が，地域住民を統制し，国民に地域住民が従属しているのである。国民以外の何者かが，地域住民を統制しているのでもなければ，国民以外の何者かに，地域住民が従属しているのでもない。

「国による規制を撤廃あるいは緩和して自治体を隷属から解放すること」，も，国民として，国会で法律を成立させて，現実化することが可能である。法律を成立させる以外に，現実化することは不可能である。「必置規制（国が自治体に特定の機関の設置や人員の配置を義務付ける措置）や補助金による政策誘導，国の法律による課税自主権の制約，起債統制」，という「国による規制を撤廃して自治体を隷属から解放すること」，つまり，地域住民としての自分を，国民としての自分が，国会で法律を改定して，「隷属から解放すること」，は可能である。法律を改定する以外に，「隷属から解放すること」，は不可能である。

## 5 「統制と従属」の経済的含意
## ——歳出入ギャップと国税の地域間格差——

「国の法律による課税自主権の制約」，によって，国と地方の各税収の比率は２対１となっており，他方，「必置規制（国が自治体に特定の機関の設置や人員の配置を義務付ける措置）や補助金による政策誘導」，によって，国と地方の各歳出の比率は１対２となっており，このことは，税収と歳出とが，法律によって，「統制」，されていることを意味している。税収の比率と歳出の比率とが正反対になっているために，国に地方が，「従属」，しているのである。「従属」，せざるをえないように，「統制」，されているのである。

国と，地方全体とでは，歳出入ギャップを埋め合わせるように，地方交付税と国庫支出金の補助金が，支出されている。しかし，個別には，地域によって異なる。地域によって歳出入ギャップが存在する。そもそも，地方交付税と国庫支出金両者の目的は，全国同一水準の公共サービスの実現である。

国庫支出金と地方交付税両者の財源は，国税と，国債発行による調達資金とからなる。後者の，国債発行による調達資金は，究極的には，国税で返済するのが一般的であるから，これを国税とみなすことにし，それによって，結局，国庫支出金と地方交付税両者の財源は，国税であるとみなすことにする。

国庫支出金と地方交付税両者の財源である国税は，地域の経済力によって異なる。地域の経済力によって，法人と個人を一括して住民ということにすれば，その地域の住民が納付する国税が異なる。経済力の高い地域ほど，納付する国税が多く，逆は逆である。

総務省編『地方財政白書』，は，地域の経済力が高くなればなるほど，基準財政収入額が多くなることを示している。これは，地域の経済力が高くなればなるほど，その地域に存在する地方公共団体の地方税の収入額が多くなり，ひいては，その地域の住民が納付する国税が多くなることを意味する。

## 6　高経済力地域の国庫支出金への「従属」

国庫支出金は，全国一律に交付される。経済力の低い地域の地方公共団体だけでなく，経済力の高い地域の地方公共団体，例えば東京都などにも交付される。義務教育の人件費，高齢者への医療費，介護保険の費用，道路建設費など，経済力の高い地域の地方公共団体に対しても交付される。その限りで，経済力の高い地域の地方公共団体といえども，国に「従属」，しているのである。それというのも，これらの歳出が，地方税収よりも，大きくなるように，法律によって「統制」，されているからである。

国庫支出金の財源たる国税の納付額は，地域の経済力によって異なる。経済力の高い地域の住民が多く支払っている。同義反復だが，経済力の低い地域の住民といえども，国税は納付している。他方，国庫支出金の各地方公共団体への交付は全国一律である。経済力の高い地域の地方公共団体に対しても，低い地域の地方公共団体に対しても，同じように交付される。結果として，経済力の高い地域から低い地域へ所得再分配が行われていることになる。

経済力の高い地域の地方公共団体は，国に「従属」，しているが，そのなかで，地域としては，他の，経済力の低い地域に，所得を再分配している。地域間所得再分配を行うことになっている。「統制」，は，たんに統制自体を自己目的化しているのではなく，このような地域間所得再分配を内包しているのである。地域間所得再分配を実現するための「統制」，となっているのである。

## 7　高経済力地域の地方交付税への「従属」

地方交付税は次のようにして交付される。

各地方公共団体は，一方で，各支出項目ごとに，その地方公共団体の測定単位に，全国同一の単位費用を乗じて，基準財政需要額を算出する。同義反復であるが，単位費用が全国同一であるので，この基準財政需要額は単位当たりでは，全国同一である。次の基準財政収入額が地域の経済力の差異によって異なるのと対称的なのである。各支出項目への国庫支出金は，単位費用の算出の際に，控除されているから，この基準財政需要額には，国庫支出金の分は，含まれていない。その限りで，国庫支出金で不足する分を，地方交付税で補填する，という関係に両者はある，ということになる。

このような基準財政需要額に対して，各地方公共団体は，他方で，実際に適用している税率ではなく，全国同一の，地方税の法定税率のうち下限の標準税率を，各地方公共団体の課税標準に乗じて算出し，算出した金額の75%を，基準財政収入額とする。課税標準に乗じて算出した金額は，地域の経済力の差異によって，支出1単位当たりで異なり，したがって，支出1単位当たりで，基準財政収入額は，地域の経済力の差異によって，異なる。支出1単位当たりで，基準財政収入額は，地域の経済力が高くなるに従って大きくなる。

前者の基準財政需要額から，後者の基準財政収入額を控除した残額を，財源不足額と称する。支出1単位当たりで，基準財政需要額は全国同一であるが，基準財政収入額は，地域の経済力が高くなるに従って大きくなるので，両者の差額の財源不足額は，地域の経済力が高くなるに従って小さくなる。この財源不足額に対して，地方交付税が交付される。地方交付税は，経済力の低い地域の地方公共団体には多く交付され，逆に，経済力の高い地域の地方公共団体には少なく交付される。地方交付税の財源の国税は，地域の経済力が高くなるに従って大きくなるので，結果として，経済力の高い地域から低い地域への所得再分配が行われることになる。

現在，東京都を除く全ての都道府県が地方交付税の交付を受け，また，大半の市町村が地方交付税の交付を受け，結局，経済力の高い地域の地方公共団体でも，地方交付税の交付を受けている。しかし，これは，不合理なことではなく，むしろ合理的である。それというのも，国と地方の各税収の比率を２対１とし，他方，国と地方の各歳出の比率は１対２とする，というように，税収と歳出とが，法律によって，「統制」，され，税収の比率と歳出の比率とが正反対になるように「統制」，され，国に地方が，「従属」，せざるをえないように，「統制」，されているからである。経済力の高い地域の地方公共団体といえども，歳出が地方税による税収を超過するように，法定されており，したがって，国庫支出金，あるいは，国庫支出金と地方交付税との合計によって，その差額を補填されるように，法定されているからである。以下，煩瑣を回避するため，国庫支出金と地方交付税という用語によって，国庫支出金だけの場合も表すことにする。

ただ，この過程において，ネットでは，全国同一水準の地方公共サービスを実現するために，地方交付税と国庫支出金の交付によって，経済力の高い地域から，低い地域への，所得再分配が行われている。経済力の高い地域の住民は，その地域の地方公共団体が交付される地方交付税と国庫支出金を上回る，地方交付税と国庫支出金のための国税を納め，逆に，経済力の低い地域の住民も，地方交付税と国庫支出金のための国税を納めるが，その地域の地方公共団体は，その国税を上回る地方交付税と国庫支出金を交付され，結局，前者から後者への地域間所得再分配が行われるのである。

## 8　単位費用算定の制度

標準団体行政経費積算内容

「道路の面積」を測定単位とするもの

(1)　道路総務費

（単位：千円）

| 区　　分 | 金　　額 | 積　算　内　容 | |
|---|---|---|---|
| 給　与　費 | 662,690 | 職　員　数 | 96人 |
| 需　用　費　等 | 799,183 | 交通安全施設維持補修費 | |
| | | 公安委員会分 | 377,200 |
| | | 道路管理者分 | 188,600 |
| | | 街灯，トンネル等経費 | 202,900 |
| | | その他（役務費，備品購入費，旅費等） | 30,483 |
| 歳　出　計 | 1,461,873 | | |

(2)　道路維持費

（単位：千円）

| 区　　分 | 金　　額 | 積　算　内　容 |
|---|---|---|
| 工事請負費等 | 2,789,998 | 道路維持補修費，原材料費，備品購入費，需用費等 |
| 委　託　料 | 125,480 | 路面清掃，街路樹せん定等 |
| 負担金，補助及び交付金 | 903,000 | 国道指定区間維持負担金 |
| 歳　出　計　a | 3,818,478 | |
| 国庫支出金 | 85,000 | 補修費補助等 |
| 歳　入　計　b | 85,000 | |
| 差引一般財源　a－b | 3,733,478 | |

「道路の延長」を測定単位とするもの

(1)　一般道路改築費

（単位：千円）

| 区　　分 | 金　　額 | 積　算　内　容 | |
|---|---|---|---|
| 事　業　費 | 11,637,000 | 直轄（高速自動車国道整備分（地方債元利償還金相当額を含む。）を含む。）・補助事業 | 9,812,000 |
| | | 単独事業 | 335,000 |
| | | 地方債元利償還金相当額 | 1,490,000 |
| 歳　出　計　a | 11,637,000 | | |
| 国庫支出金 | 5,624,000 | 一般道路改築費補助 | |
| 歳　入　計　b | 5,624,000 | | |
| 差引一般財源　a－b | 6,013,000 | | |

⑵　交通安全施設等整備費

（単位：千円）

| 区　　分 | 金　　額 | 積　算　内　容 | |
|---|---|---|---|
| 事　業　費 | 5,107,000 | 道路管理者分 | |
| | | 直轄・補助事業 | 2,404,000 |
| | | 単　独　事　業 | 1,176,000 |
| | | 公安委員会分 | |
| | | 補　助　事　業 | 870,000 |
| | | 単　独　事　業 | 657,000 |
| 歳　出　計　a | 5,107,000 | | |
| 国庫支出金 | 1,808,000 | 道路管理者分 | 1,314,000 |
| | | 公安委員会分 | 494,000 |
| 歳　入　計　b | 1,808,000 | | |
| 差引一般財源　a－b | 3,299,000 | | |

出典）　地方交付税制度研究会編［2008］32－33頁。

## 標準団体行政経費積算内容

### 「道路の面積」を測定単位とするもの

⑴　道路総務費

さしあたり，需用費等のうちに，交通安全施設維持補修費というのがあり，そのうちに，道路管理者分というのがあり，すぐ後で見るように，これに直轄事業というのがあるので，道路総務費の全体に，この直轄事業が含まれていることが明白である。ただ，一般的に言って，給与費等や，需用費等の，街灯，トンネル等経費ならびに，その他（役務費，備品購入費，旅費等）などが，直轄事業を含む全体に係わる費用であるから，道路総務費に直轄事業のための費用を含むのは当然である。

⑵　道路維持費

負担金，補助および交付金が，国道指定区間維持負担金であり，これを含めた歳出計から，国庫支出金が控除されることから，国庫支出金にこれが含まれ，また，その残額が一般財源であることから，一般財源にもこれが含まれていることになる。

**「道路の延長」を測定単位とするもの**

(1)　一般道路改築費

事業費の中に,「直轄（高速自動車国道整備分（地方債元利償還金相当額を含む。）を含む。)」「事業」という項目があり，したがって，これから国庫支出金が控除されることから，しかも，国庫支出金については一般道路改築費補助とは事業費補助であるということから，国庫支出金にこれが含まれ，また，その残額が一般財源であることから，一般財源にもこれが含まれていることになる。

(2)　交通安全施設等整備費

事業費の中に，道路管理者分に,「直轄」「事業」という項目があり，したがって，これから国庫支出金が控除されることから，国庫支出金に道路管理者分が明記されていることを含め，国庫支出金にこれが含まれ，また，その残額が一般財源であることから，一般財源にこれが含まれていることになる。

**単位費用算定の基礎**

**「道路の面積」を測定単位とするもの**　　(単位：千円)

| 細　　節 | 総　　額 | 国庫支出金 | 差引一般財源<br>(A) | 単位費用<br>(A)÷34,000千㎡ |
|---|---|---|---|---|
| (1)　道路総務費 | 1,461,873 | — | 1,461,873 | 42,996円 |
| (2)　道路維持費 | 3,818,478 | 85,000 | 3,733,478 | 109,808円 |
| 合　　計 | 5,280,351 | 85,000 | 5,195,351 | 153,000円 |

**「道路の延長」を測定単位とするもの**　　(単位：円)

| 細　　節 | 総　　額 | 国庫支出金 | 差引一般財源<br>(A) | 単位費用<br>A÷3,900㎞ |
|---|---|---|---|---|
| (1)　一般道路改築費 | 11,673,000 | 5,624,000 | 6,013,000 | 1,541,795円 |
| (2)　交通安全施設等整備費 | 5,107,000 | 1,808,000 | 3,299,000 | 845,897円 |
| 合　　計 | 16,744,000 | 7,432,000 | 9,312,000 | 2,388,000円 |

出典)　地方交付税制度研究会編［2008］32頁。

### 単位費用算定の基礎

**「道路の面積」を測定単位とするもの**

⑴　道路総務費

この総額には，直轄事業に対する費用が含まれている。したがって，単位費用に，直轄事業に対する費用が含まれている。

⑵　道路維持費

この総額には，直轄事業に対する費用が含まれている。したがって，国庫支出金ならびに一般財源そして単位費用に，それぞれ直轄事業に対する費用が含まれている。

**「道路の延長」を測定単位とするもの**

⑴　一般道路改築費　⑵　一般道路改築費

いずれにおいても，総額には，直轄事業に対する費用が含まれている。したがって，国庫支出金ならびに一般財源そして単位費用に，それぞれ直轄事業に対する費用が含まれている。

## 9　直轄事業負担金に対する国庫支出金・地方交付税

地方交付税と国庫支出金とは，直接には，相互に独立して無関係に，各地方公共団体に交付される。各地方公共団体に，一方で国庫支出金が交付され，他方で地方交付税が交付される。前者の国庫支出金は，各地方公共団体に，一律に交付される。後者の地方交付税は次のようにして交付される。

各地方公共団体は，一方で，各支出項目ごとに，その地方公共団体の測定単位に，全国同一の単位費用を乗じて，基準財政需要額を算出する。単位費用に，直轄事業の費用が含まれているから，当然，基準財政需要額にも，直轄事業の費用は含まれている。また，直轄事業への国庫支出金は，単位費用の算出の際に，控除されているから，この基準財政需要額には，国庫支出金の分は，含まれていない。その限りで，国庫支出金で不足する分を，地方交付税で補填する，という関係に両者はある，ということになる。

このような基準財政需要額に対して，各地方公共団体は，他方で，実際に適用している税率ではなく，全国同一の，法定税率のうち下限の標準税率を，各地方公共団体の課税標準に乗じて，算出した金額の75%を，基準財政収入額とする。

前者の基準財政需要額から，後者の基準財政収入額を控除した残額を，財源不足額と称する。この財源不足額に対して，地方交付税が交付される。基準財政需要額に直轄事業の費用が含まれているので，当然，これも，地方交付税の対象としていることになる。

（先に3の冒頭で述べたように，次の引用文は，3で掲げた引用文ではなく，他の部分である）。

> 直轄事業負担金は，国が事業主体となって行う公共事業（直轄事業）の費用の一部を，その事業の実施によって便益を受ける自治体が「負担金」という形で分担する制度である。国の直轄事業における地方（自治体）の負担割合は事業の種類によって異なるが，公共施設の建設については3分の1，維持管理については10分の4.5とすることが基本となっている。
>
> このように国が実施する事業の費用の一部をその事業の実施によって便益を受ける自治体が負担するという制度そのものは，受益者負担の観点からみて合理的なものといえる。直轄負担金に関する議論を，スピルオーバー（外部効果）を伴う公共施設の整備に関する費用負担のあり方を巡る問題ととらえる場合，その論点は道路法などの関係法令によって規定されている直轄事業の負担割合とその下で決定される負担金の額が，スピルオーバーの程度に見合う適切な水準となっているか，事業分野ごとに点検を行うというテクニカルな問題に集約されることになる。

直轄事業負担金に関しては，地方公共団体は，国から，地方交付税と国庫支出金との補助金を交付されている。地方公共団体は，この補助金に，自己が徴収した地方税を加えて，直轄事業負担金を国に支払っている。「国の直轄事業における地方（自治体）の負担割合は事業の種類によって異なるが，公共施設の建設については３分の１，維持管理については10分の4.5とすることが基本となっている」とすれば，これら３分の１，10分の4.5それぞれに対して，地方公共団体は，補助金と地方税の合計額を，国に支払っている。「国が実施する事業の一部をその事業の実施によって便益を受ける自治体が負担するという制度そのものは，受益者負担の観点からみて合理的なものといえる」のであり，直轄事業負担金としての，補助金と地方税の合計額の，国への支払は，あくまで，便益に対するものである。この支払いは，地方公共団体の国への補助金ではない。国は，この合計額を，建設業者・維持管理業者に支払うのであるから，結局，国は，単なる代理徴収業者でしかなく，地方公共団体が，建設業者・維持管理業者に支払っていることになる。

## 10　「庇護《ひご》と依存」
## ――庇護主体と依存主体との究極的同一性――

直接的には，庇護《ひご》する主体は国であり，依存する主体は自治体であり，この限りでは，庇護する主体と依存する主体とは，相異なる別々の主体である。

しかし，究極的には，庇護する主体と依存する主体とは，同一の主体である。自分が自分を庇護し，自分が自分に依存している。庇護する主体と依存する主体とは，同一の主体なのである。

庇護することを決定しているのは，国民である。依存することを決定しているのは，国民である。「庇護《ひご》と依存」を決定しているのは，国民である。

庇護する国とは，行政府である。行政府とは，法律の執行者である。法律は，国民が決定しているのであるから，行政府は，国民の代理人であり，結局，庇護する国とは，国民である，ということになる。

庇護によって，依存しているのは，直接的には，自治体＝地方公共団体だが，究極的には，自治体が存在する地域の住民である。地域住民である。

地域住民は，同時に，国民であり，国民は，同時に，地域住民である。国民が，地域住民を庇護し，国民に地域住民が依存しているのである。国民以外の何者かが，地域住民を庇護しているのでもなければ，国民以外の何者かに，地域住民が依存しているのでもない。

## 11　既存文献の検討――その１――

３で掲げた引用文の全体を，以下，順を追って分割し，改めて検討することにする。

> 必置規制（国が自治体に特定の機関の設置や人員の配置を義務付ける措置）や補助金による政策誘導，国の法律による課税自主権の制約，起債統制といった「統制と従属」の側面を強調して国と地方の関係をとらえると，国による規制を撤廃あるいは緩和して自治体を隷属から解放することが「地方分権改革」だということになる。

「必置規制（国が自治体に特定の機関の設置や人員の配置を義務付ける措置）や補助金による政策誘導，国の法律による課税自主権の制約，起債統制といった『統制と従属』の側面を強調して国と地方の関係をとらえる」，からと言って，「国による規制を撤廃あるいは緩和して自治体を隷属から解放することが『地方分権改革』だということになる」，とは限らない。

「といった『統制と従属』の側面を強調して国と地方の関係をとらえる」ということは，国と地方の各税収の比率を２対１とし，他方，国と地方の各歳出の比率は１対２とする，というように，税収と歳出とが，法律によって，「統制」，され，国に地方が，「従属」，せざるをえないように，「統制」，され，経済力の高い地域の地方公共団体と雖も，歳出が地方税による税収を超過するように，法定され，全国同一水準の地方公共サービスが実現されるように地域間所得再分配が行われる，ということである。経済力の低い地域は，現行の，「統制と従属」に賛成する可能性がある。

「国による規制を撤廃あるいは緩和して自治体を隷属から解放する」，とは，国と地方の各税収の比率と，国と地方の各歳出の比率との格差を，縮小し，地域間所得再分配の機能を低下させ，全国的に，同一ではなく，相異なる水準の地方公共サービスを供給する，ということである。これに，経済力の低い地域は，反対する可能性がある。つまり，経済力の低い地域は，自己を「隷属から解放する」，ことに反対する可能性がある。

結局，「『統制と従属』の側面を強調して国と地方の関係をとらえる」からと言って，「国による規制を撤廃あるいは緩和して自治体を隷属から解放する…ことになる」，とは限らないのである。

> この観点から直轄負担金の問題を考えると，事業を縮減して地方の負担を軽減し，行財政運営の自由度を高めることが，この問題の解決にあたってのポイントということになる。

「この観点から直轄負担金の問題を考える」，からと言って，「事業を縮減して地方の負担を軽減し，行財政運営の自由度を高めること」，に，帰結しない。経済力の低い地域は，「事業を縮減して地方の負担を軽減し，行財政運営の自由度を高めること」，に反対する可能性がある。

「事業を縮減して地方の負担を軽減し，行財政運営の自由度を高める」，とは，単位費用を算出する際に，標準団体で行政経費を積算する対象から，直轄事業を削減し，それによって，国庫支出金と地方交付税とを削減し，両者のための財源の国税を削減し，削減する国税だけ地方に地方税として移管する，つまり地方税を増額する，いうことである。徴収される国税には地域間格差があり，したがって，削減される国税は経済力が高い地域ほど大きく，同じことだが，増額する地方税は経済力が高い地域ほど大きい。縮減される事業は全国一律なので，経済力が高い地域ほど地方公共サービスを拡大でき，逆は逆，である。

かくして，経済力の低い地域は，「事業を縮減して地方の負担を軽減し，行財政運営の自由度を高めること」，に反対する可能性がある。

**国と地方の関係を，国からの財政移転を通じた「庇護《ひご》と依存」の関係としてとらえると，国が何らかの財政措置によって直轄負担金に関する自治体の負担を軽減することが，この問題を巡る議論のポイントということになる。**

「国と地方の関係を，国からの財政移転を通じた『庇護と依存』の関係としてとらえる」，としても，「国が何らかの財政措置によって直轄負担金に関する自治体の負担を軽減することが，この問題を巡る議論のポイントということになる」，というように帰結する，とは限らない。

「国からの財政移転を通じた『庇護と依存』の関係としてとらえる」,「国と地方の関係」，とは，国と地方の各税収の比率を2対1とし，他方，国と地方の各歳出の比率は1対2とする，というように，税収と歳出とが，法律によって,「統制」，され，国に地方が，「従属」，せざるをえないように，「統制」，され，経済力の高い地域の地方公共団体といえども，歳出が地方税による税収を超過するように，法定され，全国同一水準の地方公共サービスを実現するように地域間所得再分配が行われる，ということである。「国が何らかの財政措置によって直轄負担金に関する自治体の負担を軽減する」，とは，地方交付税を減額し，実質的には，国庫支出金を増額することであり，地域間の所得再分配効果は，地方交付税よりも国庫支出金の方が小さく，したがって，経済力の低い地域は,「国が何らかの財政措置によって直轄負担金に関する自治体の負担を軽減する」，ことに反対する可能性がある。これが，「この問題を巡る議論のポイントということになる」，とは限らないのである。

**地方の財源不足を地方交付税や特例交付金によって補てんする「地方財政対策」のスキーム**

「地方の財源不足」，を原因として，「地方交付税や特例交付金によって補てんする『地方財政対策』」，が採用されている，のではない。誤解をおそれず，あえて言えば，その逆が正しく，「地方交付税や特例交付金」，を交付するために，「地方の財源不足」，を作為的に創出しているのである。すなわち，国と地方の各税収の比率を２対１とし，他方，国と地方の各歳出の比率は１対２とする，というように，税収と歳出とが，法律によって，「統制」，され，税収の比率と歳出の比率とが正反対になるように「統制」，され，国に地方が，「従属」，せざるをえないように，「統制」，されているが，これは，取りも直さず，「地方の財源不足」，が作為的に創出されていることを意味するのである。経済力の高い地域の地方公共団体といえども，歳出が地方税による税収を超過するように，法定され，したがって，国庫支出金と地方交付税との合計によって，その差額を補填されるように，法定されているが，これは，取りも直さず，「地方の財源不足」が，作為的に創出されていることを意味するのである。

「地方交付税や特例交付金」の交付は，全国同一水準の地方公共サービスを実現するように行われ，これが地域間所得再分配によって可能になる。「地方交付税や特例交付金」のための国税に地域格差があり，また，地方交付税が充当される財源不足額に地域格差があるために，作為的に創出された「地方の財源不足を地方交付税や特例交付金によって補てんする」過程において，地域間所得再分配が行われ，全国同一水準の地方公共サービスを実現されることになるのである。「地方交付税や特例交付金」の交付は，直接的には，「地方の財源不足を…補てんする」ためであっても，その過程において，地域間所得再分配による全国同一水準の地方公共サービスの実現を，随伴しているのである。

今年度については，国による応急的な財政措置（地域活性化・公共投資臨時交付金）によって直轄負担金の実質的な負担を大幅に軽減する措置が講じられている。

この方向での問題解決は地方の財源不足を地方交付税や特例交付金によって補てんする「地方財政対策」のスキームの延長線上で理解可能であり，既存の制度との親和性が高いというメリットがある。

従来の「スキームの延長線上で理解可能」，ではないし，また，「既存の制度との親和性が高い」，ということもない。というのは，従来の「スキーム」，は，地方交付税に関するものであり，他方，「国による応急的な財政措置（地域活性化・公共投資臨時交付金）」，は国庫支出金だからである。したがって，「既存の制度との親和性が高い」，ということもないのである。

この対応策の下では直轄事業の縮減を伴うことなく地方の負担を軽減することができることから，制度の見直しに伴うさまざまなあつれきを回避できるという点で無難な解決策といえるかもしれない。

「あつれきを回避できる」，とは必ずしも言えず，したがって，「無難な解決策といえる」，とは限らない。というのは，「この対応策の下では直轄事業の縮減を伴うことなく地方の負担を軽減する」，というのは，地方交付税を減額し，実質的には，国庫支出金を増額することであり，地域間の所得再分配効果は，地方交付税よりも国庫支出金の方が小さく，この対応策に，経済力の低い地域は反対する可能性があり，その限りで，経済力の低い地域の反対という「あつれきを回避できる」，ということは無く，「無難な解決策といえる」，とは限らないからである。

というのは，「国が実施する事業の一部をその事業の実施によって便益を受ける自治体が負担するという制度そのものは，受益者負担の観点からみて合理的なものといえる」，とし，「国が実施する事業の一部…によって」自治体が受ける「便益」が，「国の直轄事業における地方（自治体）の負担割合は事業の種類によって異なるが，公共施設の建設については3分の1，維持管理については10分の4.5とすることが基本となっている」，とする場合の，負担割合の，これら3分の1，10分の4.5それぞれに対して見合っているとすれば，「国による応急的な財政措置（地域活性化・公共投資臨時交付金）によって直轄負担金の実質的な負担を大幅に軽減する」つまり，「直轄事業の縮減を伴うことなく地方の負担を軽減する」，とは，負担割合を縮小する，ということであり，単位費用を算出する際の，国庫支出金を増額する，ということだからである。

## 12　既存文献の検討――その2――

次の引用文と，次の13で掲げる引用文は，すぐ上の11までで検討した引用文とは，異なる他の部分である。

> 道路の維持管理費は本来その管理者が負担すべきだという指摘もあるが，直轄国道の維持管理費の10分の4.5を都道府県が負担することは道路法に明記されており（道路法50条2項），あらかじめ定められたルールから逸脱する対応を求めることには相当の理由が必要である。

「道路法に明記されて」いる「あらかじめ定められたルールから逸脱する」，ことは，違法行為であり，「相当の理由が必要である」，どころではなく，理由そのものがありえない。特別措置法によって，「道路法に明記されて」いる「あらかじめ定められたルールから逸脱する」ことは，合法的であり，当然のこととして，それなりに「相当の理由が必要である」。ただ，例え，「道路法に明記されて」，いるとしても，「あらかじめ定められたルール」，が，合理的な基準から「逸脱」，している場合には，特別措置法によって，合理的なルールを定めることに，「相当の理由」など不「必要である」。

道路法に対する「逸脱」，ではなく，「道路法」，そのものを，改定することは可能である。「道路法に明記されて」，いる「あらかじめ定められたルール」，を改定することは，可能である。その理由が合理的ならば，同義反復だが，それが「相当」，ということもない。

「直轄国道の維持管理費の10分の4.5を都道府県が負担すること」，が，都道府県が受ける便益に見合っている場合に，特別措置法によって，負担割合を例えば10分の3.5で実施することは，「道路法に明記されて」，いる「あらかじめ定められたルールから逸脱する」，ことであり，それなりに「相当の理由が必要である」。しかし，負担割合の例えば10分の3.5が便益に見合っている場合に，「道路法に明記されて」，いる「あらかじめ定められたルール」，を改定するために，「相当の理由」，など不必要であり，いわば通常の理由で事足りる。

「道路の維持管理費は本来その管理者が負担すべきだという指摘」，が正しい，とは必ずしも言い難い。この場合の「本来」，とはいかなる意味かと問うた時，根拠が無いからである。

単一の主体の管理者が供給する同一の公共サービスを，その管理者と直接関係する主体だけでなく，この主体を含めて管理者と直接関係しない主体も，受益する場合，前者だけでなく，後者も，支出することは，合理的だからである。国道は国が単一の主体の管理者であり，それが供給する同じ国道を，全国のいわば国民が利用するだけでなく，国道が位置する地域の住民も地域住民として利用するので，後者の地域の地方公共団体が支出するのは合理的だからである。

義務教育に関して，管理者は市町村であるが，校舎・校庭・光熱水などは市町村，人件費は都道府県がそれぞれ支出し，両者に対して国から国庫支出金・地方交付税が交付されている。義務教育費は，「本来その管理者が負担すべきだという指摘」が正しい，とすれば，国庫支出金・地方交付税は廃止して，そのための国税は地方に移管することになり，全国的に相異なる水準の義務教育サービスが行われることになる。その指摘は，特定の一つの選択肢に対する選好の表明でしかない。現行では，義務教育の管理者は，市町村であるにも拘わらず，「本来その管理者が負担すべきだという指摘」，のようにはなっていないのである。直轄事業とは，正反対であるが，義務教育に関して，「本来」，ということにはなっていないのである。

地方公共団体の支出額の財源は，地方税と，国庫支出金・地方交付税との合計であるが，前者の地方税は，地域住民の負担であるが，後者の国庫支出金・地方交付税の財源の国税は国民としての負担である。各地域の地方公共団体が受けた国庫支出金・地方交付税の合計額と，それぞれの地域の住民が国民として納付した国税の負担額とが一致する必然性は低い。経済力の高い地域では，納付した国税の負担額の方が，受けた国庫支出金・地方交付税の合計額よりも大きく，逆は逆，である。

## 13　既存文献の検討――その３――

> 直轄負担金を巡る問題の解決にはさまざまな困難が伴うが，これらの問題を乗り越えて負担金の見直しが地方分権改革の進展と結びつく形で進められていくことになるかは，「この国のかたち」に関する各自治体の選好に依存する。今後の国と地方のあり方について「統制と従属」からの脱却と「庇護と依存」の継続のいずれを選ぶのか，その選択権は地方の側にある。

「負担金の見直しが地方分権改革の進展と結びつく形で進められていくことになるかは，『この国のかたち』に関する各自治体の選好に依存する」，のではなく，国会の，究極的には，地域住民でもある，国民の「選好に依存する」。経済力の高い地域の地域住民でもある，国民は，「負担金の見直しが地方分権改革の進展と結びつく形で進められていくこと」，に賛成する可能性が高く，逆は逆，である。

「今後の国と地方のあり方について『統制と従属』からの脱却と『庇護と依存』の継続のいずれを選ぶのか，その選択権は地方の側にある」，のではなく，地域住民でもある，国民にある。『統制と従属』と『庇護と依存』とを決定しているのは，国会であり，究極的には，地域住民でもある，国民であるからである。究極的には，国民としての自分が，地域住民としての自分を，『統制』，し，地域住民としての自分が，国民としての自分に，『従属』，し，また，国民としての自分が，地域住民としての自分を，『庇護』，し，地域住民としての自分が，国民としての自分に，『依存』，しており，かような『統制と従属』，と『庇護と依存』，とを決定しているのは，国会であり，究極的には，国民である。経済力の高い地域の国民は，「『統制と従属』からの脱却」，に賛成し，経済力の低い地域の国民は，それに反対する可能性が高く，また，経済力の低い地域の国民は，「『庇護と依存』の継続」，に賛成し，経済力の高い地域の国民は，それに反対する可能性が高い。

## 14 おわりに

昨今の直轄事業負担金の論議は，橋下大阪府知事が，負担金の支出内容を開示しないで地方公共団体に請求する国を，ぼったくりバーみたいなものだ，と称したことに，端を発する。本章では，負担金については，その支出内容は問題にせず，その大きさを問題にする，という観点から，論を進めた。直轄事業が供給する公共サービスのうちの，各地域が受ける地方公共サービスに，直轄事業負担金が見合う，として論を進めたが，これは取りも直さず，そういう観点を取ったということである。公共サービスの受益者としては，負担金という支払額が，公共サービスの便益と見合うか否かが，問題になるだけであり，その公共サービスの供給者が，その収入をいかに支出するかは，受益者にとって無関係なことと考えるからである。一般の財貨サービスの場合も，その購入者にとって問題になるのは，その価格の大小だけであって，供給者が，収入を，人件費，原材料費，減価償却費などに充当し，その人件費の一部を社員の福利厚生費として例えばゴルフ旅行に支出したからと言って，購入者がクレームを付ける筋合いではないからである。直轄事業が供給する公共サービスについては，その一部を，その直轄事業が行われる地域の住民が，地方公共サービスとして主として利用するのであり，その受益に，負担金が見合うか否かが，基本的問題であると考えるのである。

# 第5章

# 地方交付税と三位一体改革

## 1　はじめに

本章の目的は，地方交付税と国庫支出金とを廃止し，そのための財源の国税を地方税に移譲する，ということを，三位一体改革と考え，その際に，地方交付税を主にして，考察しようとするものである。現実の三位一体改革は，国庫支出金を部分的に廃止し，国税の一部を地方税に移譲することを先行させ，地方交付税については，後日の検討課題とする，というものであったので，本章の三位一体改革と，現実の三位一体改革との間には，若干のかい離が存するが，前者は後者を包含するものであり，その限りで，本章は，現実を考察するものにもなっていると言ってよい。

本章では，土居　丈朗［2009−2010］を検討し，それを通して，本章の課題を果たしたい。同稿は，三位一体改革を論じ，それを地方交付税との関連で論じており，本章の課題を果たす上で，格好の手掛かりとなりうるからである。本章では，同稿の分割した部分の全体を掲げるときは実線で囲み，個別に検討するときは，カギ括弧「　」で囲むことにする。

## 2　地方交付税・国庫支出金の制度的側面

地方交付税は，地方公共団体の自主性を損なわずに地方財源の均衡化を図り，かつ地方行政の計画的な運営を保証するために，国が使途を制限しない財源として国税の一定割合を地方公共団体に移転するものです。1999年度からは，地方税減税等による減収を補填するべく，地方特例交付金を受け取っています。近年では，歳入全体の20％前後を占めています。

（土居丈朗［2009－2010］86頁）

詳細は後述するが，結論から先に言えば，「地方交付税は…国が使途を制限しない財源」ではなく，「国が使途を制限」する「財源」である。

地方交付税総額をどの地方公共団体にどれだけ交付するかは，次のように決めます。普通交付税を配分する際に，地方公共団体ごとに基準財政収入額と基準財政需要額を算定します。基準財政収入額は，標準的な状態において徴収が可能な税収を，地域，人口規模などを基準化して各地方公共団体ごとに一定の方法で総務省が算定した額です。基準財政需要額は，地方公共団体が等しく合理的かつ妥当な水準で自主的に事務事業を遂行するに必要な経費を，地域，人口規模などを基準化して各地方公共団体ごとに一定の方法で総務省が算定した額です。基準財政需要額の中には，一般的な行政経費だけでなく，公債費（地方債元利償還金）も算入されており，地方債の元利償還が多い団体ではそれだけ基準財政需要額が多くなる傾向があります。

基準財政収入額が基準財政需要額よりも少ない地方公共団体には，通常，その差額に応じて普通交付税が交付されます。普通交付税が交付される地方公共団体を，交付団体と呼びます。大半の地方公共団体は交付団体です。普通交付税額は各地方公共団体ごとに基準財政需要額と基準財政収入額の差額を基本として決められます。

他方，基準財政収入額が基準財政需要額を上回る地方公共団体には，普

> 通交付税は交付されません。普通交付税が交付されない地方公共団体を，不交付団体と呼びます。
>
> （土居丈朗［2009－2010］88頁）

「基準財政収入額は…各地方公共団体ごとに一定の方法で…算定した額」であるが，これは「総務省が算定した額」では無く，各地方公共団体が「算定した額」である。その際に，全国同一の税率を，各地方公共団体それぞれの課税標準に，乗じたものであり，その税率は，法律で一定の幅で規定されている税率のうち，下限のいわゆる制限税率である。下限か否かが，重要なのではなく，いずれにしても，全国同一か否かが，重要なのである。地方交付税を公平に各地方公共団体に交付するために，税率を各地方公共団体に共通にすることが，重要なのである。全国同一の制限税率を，各地方公共団体それぞれの課税標準に乗ずることを，「標準的な状態において徴収が可能な税収を，地域，人口規模などを基準化して各地方公共団体ごとに一定の方法で…算定した額」と認識することには，若干の疑問が残る。

「基準財政収入額は…税収を…算定した額」であるのは，確かであるが，厳密に言えば，税収のうち，75％が，基準財政収入額である。詳細は後述するが，基準財政需要額が特定の事業への支出であり，したがって地方交付税が特定財源であるとすれば，基準財政収入額したがって地方税のうち75％は特定財源である，ということになる。地方税は，一般財源である，ということになっているが，そのような理解は誤りであり，その75％は特定財源である，ということになる。

基準財政収入額したがって地方税について指摘して置くべき重要なことは，経済力格差に応じて地域格差が存在することである。地方税の税収格差が存在することである。経済力の高い地域ほど相対的に税収が多く，逆は逆，である。これは，国税にも，地域格差があることを，証左するものである。

「基準財政収入額が基準財政需要額よりも少ない地方公共団体」とか，「基準財政収入額が基準財政需要額を上回る地方公共団体」というように，基準財政収入額と対比される場合の，基準財政需要額は，厳密に言えば，地方公共団体それぞれの，基準財政需要額（総額）のことである。地方公共団体はそれぞれ，有限個の特定事業を遂行しているが，有限個の特定事業それぞれについて基準財政需要額を算出し，これを便宜的に（特定）基準財政需要額と命名しておくと，有限個の（特定）基準財政需要額を合計したものが，基準財政需要額（総額）であり，基準財政収入額と対比されているときの基準財政需要額である。

（特定）基準財政需要額は，標準団体で算出される単位費用に，地方公共団体それぞれの実際の測定単位が乗ぜられ，これに，さらに，地方公共団体間において地方公共団体それぞれの実情を考慮された補正係数を乗ぜられて算出される。標準団体は，現実の地方公共団体ではなく，都道府県と市町村それぞれについて一定規模のものが想定され，同時に，特定事業それぞれについて一定規模のものが想定され，価格が想定され，結果的に特定事業それぞれの費用が算出され，この特定事業それぞれの費用から，国庫支出金が控除され，その残額を測定単位で除したものが，単位費用と定義される。なお，全国的に，各特定事業の規模と価格とを変更するときは，標準団体における規模と価格が変更され，単位費用が変更される，という形が取られる。

基準財政需要額，と言っても基準財政需要額（総額），について指摘して置くべき重要なことは，特定事業それぞれの費用から，国庫支出金が控除された残額の，（特定）基準財政需要額がまず算出され，次いで，（特定）基準財政需要額の有限個を合計したものが，基準財政需要額（総額）であり，これは換言すれば，基準財政需要額（総額）は有限個の（特定）基準財政需要額の合計であるということである。これは，特定財源の国庫支出金でも不足する分を，地方交付税は充足するものであり，この限りでも，地方交付税は特定財源である，ということになり，さらに，国庫支出金が存在しなくても，地方交付税は，もともと，（特定）基準財政需要額の有限個の合計に充当される，ということからも，特定財源である，ということになる。

「普通交付税が交付される地方公共団体を，交付団体と呼びます。大半の地方公共団体は交付団体です」というのは，確かであるが，重要なのは，「大半の地方公共団体は交付団体」であることの意味を明確にすることである。

地方交付税の財源は，一部を除いて大半は，究極的には，国税であり，この国税には，経済力の地域格差に応じて，税収の地域格差が存在する。経済力の高い地域は国税の税収が相対的に多く，逆は逆，である。他方，地方交付税が交付される，地方公共団体それぞれの，基準財政需要額から基準財政収入額を差し引いた残額の，財源不足額は，基準財政需要額が全国一律なのに対応して，経済力が高くなるに応じて基準財政収入額が相対的に多くなり，逆は逆，なので，経済力が高くなるにしたがって，小さくなる。つまり，財源不足額には地域格差が存在する。

かような，一方の，地方交付税の財源の国税の地域格差と，他方の，財源不足額の地域格差との，両者相俟って，地域間所得再分配が行われている。経済力の高い地域から，低い地域への，所得再分配が行われ，その際に，基準財政需要額が充足される，ということから，全国同一水準の公共サービスが実現されている，ということになる。

かくして，「大半の地方公共団体は交付団体」であるとしても，経済力の高い地域においては，その地域の地方公共団体は交付団体であるとしても，その地域の住民が地方交付税のために納付する国税は，その地域の地方公共団体が交付を受ける地方交付税を上回り，逆に，経済力の低い地域と雖も，その地域の住民は，地方交付税のために国税を納付するが，その国税を，その地域の地方公共団体が交付を受ける地方交付税は上回る，ということになる。交付団体間において，かような地域間所得再分配が行われているからこそ，「大半の地方公共団体は交付団体」であることが，不思議でも何でもないのである。

国庫支出金は，国が地方公共団体に対して使途を特定して支出する補助金等のことです。使途を特定した補助金を，特定補助金とも呼びます。国庫支出金は，地方公共団体が分担した国の業務や国が奨励する施策などに対して支出され，国庫支出金の使途について地方公共団体の裁量の余地はほとんどありません。

（土居丈朗［2009－2010］88頁）

国庫支出金と同様に，地方交付税も，「国が地方公共団体に対して使途を特定して支出する補助金」であり，「使途を特定した補助金を，特定補助金とも呼」ぶので，地方交付税も「特定補助金」である。国庫支出金と同様に，地方交付税も，「地方公共団体が分担した国の業務や国が奨励する施策などに対して支出され」ており，「使途について地方公共団体の裁量の余地はほとんどありません」，ということになる。

一般財源とは，地方公共団体が使途を自由に決定できる財源です。一般財源には地方税，地方譲与税，地方交付税だけが含まれます。地方純計での一般財源の割合は，高度成長期から1980年代前半まで50％強で1990年度前後に約60％まで上昇しましたが，それ以降は低下して近年では50％強となっています。

特定財源とは，地方公共団体にとって使途が制限されている財源です。国庫支出金，地方債など一般財源でないものが含まれます。

（土居丈朗［2009－2010］89－90頁）

「一般財源とは，地方公共団体が使途を自由に決定できる財源です。一般財源には地方税，地方譲与税，地方交付税だけが含まれます」というのは，誤りであり，「地方税…地方交付税」は，「地方公共団体が使途を自由に決定でき」ない「財源」であり，「一般財源には地方税…地方交付税…が含まれ」ない，というのが正しい。

「特定財源とは，地方公共団体にとって使途が制限されている財源です。国庫支出金，地方債など一般財源でないものが含まれます」というのは誤りである。国庫支出金と同様に，地方交付税も，「地方公共団体にとって使途が制限されている財源」である。地方交付税を「一般財源」である，という認識は誤りで「一般財源でない」とするのが正しく，「特定財源」には，「国庫支出金，地方債」だけでなく，「一般財源でないもの」の地方交付税も「含まれます」というのが正しいということになる。

## 3　地方分権定理

> そもそも，地方分権が望ましい理由は，経済学的には，オーツの地方分権定理（分権化定理）によって裏付けられています。地方分権定理は，地方公共財（ある地方公共団体住民にしか便益が及ばない行政サービス）を中央政府が供給しても地方公共団体が供給しても（限界）費用が同じであるとき，地方公共団体が各地域で地方公共財を最適に供給できるならば，中央政府が地方公共財を各地域に一括して同じ供給量だけ供給するよりも，各地域で地方公共団体が供給したほうが経済全体では効率的である，というものです。この定理から，中央集権的な制度では画一的な行政に伴う根本的に解消し得ない非効率が生じるから，分権的な制度を採るべきである，との含意が得られます。地方公共団体ごとに住民の要望に応じて行政サービスを独自に決めることで，負担と便益の関係を明確にして行政を行うことができるのです。
>
> （土居丈朗［2009－2010］92頁）

ここで，「負担と便益の関係を明確にして行政を行う」とは，次のように，後述していることから明らかなように，負担と便益とを一致させることである（以下の，前述，とは，上記を指す）。「基本としては，前述の地方分権定理のように，地方で効率的にできることは地方で行うのが望ましいのです。その上で，行政範囲の便益が及ぶ範囲とほぼ同範囲の行政体に権限を委ね，その行政区域内の住民に費用を負担してもらうのが，資源配分の効率性の観点から望ましいのです。つまり，行政サービスの提供は，受益と負担ができるだけ一致するように行うのが望ましいのです」。

地方交付税と国庫支出金とは，地域間所得再分配によって，全国同一水準の地方公共サービスを実現するものであり，地域間に経済力格差が存在することを前提し，したがって税収格差が存在することを前提する。経済力の高い地域においては，そこの住民の納める国税が，そこの地方公共団体に交付される地方交付税と国庫支出金とを超過し，いわば国税超過額が存在し，逆に，経済力の低い地域においては，そこの住民の納める国税が，そこの地方公共団体に交付される地方交付税と国庫支出金とに不足し，いわば交付不足額が存在し，国の，一方における国税の徴収と，他方における地方交付税と国庫支出金の交付の過程において，前者の国税超過額が後者の交付不足額に充当されているのである。

ここでは，受益と負担とは一致していない。地方分権定理は実現されていない。全国同一水準の受益の実現が目的だからである。地方分権定理の実現を目的とする社会では，受益と負担の一致を，効率が実現されていると，考えると同時に，公平も実現されていると考える。これに対して，いわば負担力に地域間格差が存在する場合，負担と便益を一致させると，便益に地域間格差が存在するが，便益は全国同一であることを公平とする社会では，負担力の格差を前提として，地域間所得再分配によって全国同一水準の受益を実現しようとする。公平を，受益と負担の一致と考えるか，あるいは，全国同一水準の受益の実現と考えるかは，各国の国民が自由に選択しうる権利である。他国の国民が容喙《ようかい》するような事柄ではないし，もともと容喙できる事柄でもない。

## 4　三位一体改革と税源移譲

> 小泉内閣は，国と地方の税財政改革である「三位一体改革」を実行しました。そもそも「三位一体」とは，地方税，地方交付税，国庫支出金，（国庫補助負担金）を一体として，地方分権改革を行っていくことを指します。
>
> しかし，「三位一体改革」は，包括的改革のプランとしては問題を抱えていました。「三位一体改革」では，国庫補助負担金を削減する代わりに国税を地方税に振り替える税源移譲をセットとして行い，財源保障を担わせたい地方交付税の改革はそれらとはやや独立して行う形で実施されました。
>
> 税源移譲と国の財源保障・関与の現状維持を前提に改革を始めれば，次のような事態に陥ると想像されました。まず，税源移譲を優先すると，経済力のある地域の税収は大きく増えますが，過疎部の地方公共団体の税収はそれほど増えず，地域間財政力格差が拡大します。税源移譲をするからには国の支出，とくに地方公共団体への国庫補助負担金を削減せざるを得ず，国から財源が手当てされていないが義務的に行わなければならない地方団体の財政支出が拡大します。そうなれば，地方団体から財政力格差是正や，財源保障への要求が高まります。既存の制度で対応するなら，この要求には地方交付税を増額することになります。地方交付税を増額すれば，国の財政は悪化し，地方の財政依存体質も改善しません。現行制度の地方交付税に依存した地方財政では，地方団体の自律的な財政運営は期待できません。
>
> （土居丈朗［2009－2010］92頁）

「『三位一体改革』は，包括的改革のプランとしては問題を抱えていました」，というが，しかし，そもそも，三位一体改革が，「包括的」に行われるべきである，と解することに問題がある。というのは，国税が地方税に移譲される際に，国庫支出金と地方交付税とは，「包括的」ではなく，相互に独立のこととして行われ得ることだからである。国庫支出金を削減し，その削減額と同額だけ，国税を地方税に移譲することと，地方交付税を削減し，その削減額と同額だけ，国税を地方税に移譲することとは，相互に独立のこととして行われ得ることだからである。

「『三位一体改革』では，国庫補助負担金を削減する代わりに国税を地方税に振り替える税源移譲をセットとして行い，財源保障を担わせたい地方交付税の改革はそれらとはやや独立して行う形で実施され」，る場合に，「国庫補助負担金を削減する」，際に，その削減額と同額だけ，「代わりに国税を地方税に振り替える税源移譲をセットとして行」，えば，「財源保障を担わせたい地方交付税の改革はそれらとはやや独立して行う形で実施され」，ることは不必要だったはずで，問題は無かったはずであり，あるいは，国庫補助負担金の削減額に満たない額の，国税を地方税に移譲し，その削減額のうち国税相当額を超過する額に満たない額だけ，「財源保障を担わせたい地方交付税の改革」つまり増額を行えば，曲がりなりにも，三位一体改革が行われ得たはずで，問題は無かったはずである。曲がりなりにも，と限定したのは，本格的な三位一体改革とは，税源移譲に対応して，国庫補助負担金だけでなく，地方交付税も，削減する，というもののはずだが，ここでは，地方交付税は増額となっていて，増額も変革であることに違いは無い，といういわば強弁の下で，三位一体改革としており，三位一体改革でも，変格ものに過ぎないからである。

三位一体改革とは，本格的には，税源移譲，国庫補助負担金削減，地方交付税削減の三つを，同時に行うことであるから，考え方として，「まず，税源移譲を優先すると」，ということはあり得ない。したがって，「税源移譲をするからには国の支出，特に地方公共団体への国庫補助負担金を削減せざるを得ず」，というように，国庫補助負担金の削減が，「せざるを得ず」，と，受身的に余儀なく行われる，ということはあり得ない。税源移譲と国庫補助負担金削減とが，同時に行われる，ことが，前提である。

「国から財源が手当てされていないが義務的に行わなければならない地方団

体の財政支出が拡大します。そうなれば，地方団体から財政力格差是正や，財源保障への要求が高まります」，というのも，条件が一面的に仮定されている。「地方団体の財政支出が拡大」，することが，国庫補助負担金の削減の謂であるとすると，「そうなれば，地方団体から…財源保障への要求が高ま」，る場合は，その削減額に，税源移譲された地方税が，満たない場合である。以上である場合は，「財源保障への要求が高ま」，ることはあり得ない。

「地方団体の財政支出が拡大します。そうなれば，地方団体から財政力格差是正…への要求が高ま」，る場合は，経済力の低い地域における場合であって，そこでは，削減額に，税源移譲された地方税が満たないからであり，逆に，経済力の高い地域においては，削減額を，税源移譲された地方税が超過する可能性があり，「財政力格差是正…への要求が高ま」，ることはあり得ない。

しかも，そもそも，「地方団体の財政支出が拡大します。そうなれば，地方団体から財政力格差是正や，財源保障への要求が高まります」，ということがあるとすれば，それは視野狭窄で怠慢の誇りを免れない。税源移譲と「地方公共団体への国庫補助負担金を削減」，することとは，国会で決定され立法化される事柄であり，地方公共団体が存在する地域の住民も，国民として，その立法化に参加していて，その立法化の際に，財政力格差あるいは財源不足は，事前に，見通せたはずだからである。法律を実施して事後になって初めてわかる，ということではないからである。視野狭窄で事前にわからなければならなかったことが，わかっていなかっただけのことだからである

上でも述べたように，本格的な三位一体改革とは，税源移譲，国庫補助負担金削減，に加えて，地方交付税に関しても，国庫補助負担金と同じく，削減であるはずであるから，「既存の制度で対応するなら，この要求には地方交付税を増額することになります」，という，逆の増額はあり得ないはずである。なるほど，増額でも，変革には違いは無いから，この場合も三位一体改革に含めるとしても，通常とは異なるので，変格三位一体改革ということにすると，これも可能ではある。先にも述べたように，国庫補助負担金の削減額に満たない額の，国税を地方税に移譲し，その削減額のうち国税相等額を超過する額に満

たない額だけ，地方交付税の増額を行えば，「地方団体から財政力格差是正や，財源保障への要求が高まります。既存の制度で対応するなら，この要求には地方交付税を増額することになり」，曲がりなりにも，三位一体改革が行われ得ることになる。しかしこれは，所詮，変格三位一体改革でしかない。

やはり，本格的な三位一体改革としては，税源移譲に対応して，地方交付税も，国庫支出金と同様に，削減されるものでなければならない。「既存の制度で対応するなら，この要求には地方交付税を増額することになります」，ではなく，減額することにならなければならない。減額の条件を確定するためには，「既存の制度で対応するなら，この要求には地方交付税を増額することになります」，という結果に帰着する原因を遡及して分析してみればよい。原因は，「まず，税源移譲を優先すると…地方公共団体への国庫補助負担金を削減せざるを得ず…地方団体の財政支出が拡大します。そうなれば，地方団体から財政力格差是正や，財源保障への要求が高まります」，ということであるから，結局，国庫補助負担金の削減額を超過して，国税の地方税への税源移譲をしておけば，税源移譲された地方税のうち，削減相等額の超過額以下の，地方交付税の減額が可能になる。実は，「地方交付税を増額することにな」，る，のは，暗黙裏に，削減額以下の税源移譲が一面的に仮定されていたのである。「地方交付税を増額」，できるように，特定の条件が仮定されていたのである。削減額を超過した税源移譲は暗黙裏に除外されていたのであり，「まず，税源移譲を優先すると…地方公共団体への国庫補助負担金を削減せざるを得ず…地方団体の財政支出が拡大します。そうなれば，地方団体から財政力格差是正や，財源保障への要求が高まります。既存の制度で対応するなら，この要求には地方交付税を増額することになります」，という一連の論理の運びは，税源移譲のうち，削減額以下の場合だけが仮定されていたのであり，他方の，削減額超過の場合は無視されていたのであるから，その限りで，一面的の誹りは免れないのである。この叙述に続く，「地方交付税を増額すれば，国の財政は悪化し，地方の財政依存体質も改善しません」，という叙述は直ぐ後で検討するが，これも，一面的な条件を仮定した場合である。

なお，税源移譲の上限は，国庫補助負担金と地方交付税のそれぞれ総額の合計額である。また，国庫補助負担金の全額が削減され，次いで地方交付税の一部が減額されなくとも，国庫補助負担金と地方交付税のそれぞれ一部が減額される場合もあり得る。

「地方交付税を増額すれば，国の財政は悪化し，地方の財政依存体質も改善しません」，ということのうち，「地方の財政依存体質も改善しません」，というのは正しいが，「国の財政は悪化し」，ということはあり得ない。両立し得ない。というのは，「地方交付税を増額すれば」，というのは，先にも述べたように，国庫補助負担金の削減額に満たない額の，国税を地方税に移譲し，その削減額のうち国税相等額を超過する額に満たない額だけ，「地方交付税を増額すれば」，ということであって，国庫補助負担金の削減額のうちの，国税の地方税への移譲額相等額と，地方交付税の増額との，合計額を超過する額だけ，「国の財政は悪化し」，ではなく，逆に，改善するからである。改善するということは，国の地方への，ネットでの交付額が削減されることであるから，「地方の財政依存体質も」，ではなく，「地方の財政依存体質」，は「改善しません」，ということと，同値なのである。「国の財政」，が改善することと，「地方の財政依存体質」，は「改善しません」，とは，同値なのである。

「地方交付税を増額すれば，国の財政は悪化し，地方の財政依存体質も改善しません」，という叙述から，「国の財政は悪化し」，という部分は，削除可能であるから，削除して考えることにする。「地方交付税を増額すれば…地方の財政依存体質も改善しません」，ということと，「現行制度の地方交付税に依存した地方財政では，地方団体の自律的な財政運営は期待できません」，ということとは，無関係で，相互に独立的なことである。そもそも，前者の叙述は，文脈から，国の地方への，ネットでの交付額が削減されることであったから，これと，後者とは無関係である。両者に関係があるとしたら，前者を，文脈から完全に切り離し，つまり，税源移譲も国庫補助負担金削減もいずれも行われず，たんに，「地方交付税を増額すれば」，だけであると解した場合である。これは，三位一体改革とは無縁の事柄になる。いずれにしても，後者は，三位一体改革とは関係のないことである。

ともあれ，三位一体改革としては，本格的には，税源移譲，国庫補助負担金削減，地方交付税削減の三つを，同時に行う，ようなものを考えないと，意味が無いように思われる。

## 5　三位一体改革と地方税改革

> まず，地方分権を進める上で，地方税の拡充は不可欠です。「三位一体改革」の中でも，地方税の増強は謳われましたが，税源移譲によってそれが行われました。しかし，国税も地方税も増税しないという「ゼロサムゲーム」の中で，国税から地方税へ振り替える税源移譲だと，地方税の増収は国税の減収を意味するため，国の財政収支の悪化を嫌って税源移譲に反対する動きが出てきます。
>
> それよりは，地方税を増税するか減税するかは国とは独立に地方公共団体の独自の判断で決め，地方公共団体が課税自主権を実質的に発揮するようにすれば，地方税の増強が実現できます。
>
> 現行の地方税制の下では，ほとんどの地方公共団体が，国の法律である地方税法に定められた税率で課税し，独自に税率を決める権限を事実上行使していない状態です。そこから，地方公共団体が原則として基幹税について税率を自由に設定して課税できる状態にすることが重要です。
>
> （土居丈朗［2009－2010］92頁）

「国税から地方税へ振り替える税源移譲だと，地方税の増収は国税の減収を意味するため，国の財政収支の悪化を嫌って税源移譲に反対する動き」が出てくることはあり得ない。「国税から地方税へ振り替える税源移譲だと，地方税の増収は国税の減収を意味する」ことは，当然のこととして，「国税の減収」相等額だけ，国の歳出が減額されるので，「国の財政収支の悪化」が惹起されるはずが無いからである。

「地方税を増税するか減税するかは国とは独立に地方公共団体の独自の判断で決め，地方公共団体が課税自主権を実質的に発揮するように」する，という主張は，国税は変更せずに据え置く，ということを前提している。しかし，このような前提は，無意味である。「現行の地方税制の下では，ほとんどの地方公共団体が，国の法律である地方税法に定められた税率で課税し，独自に税率を決める権限を事実上行使していない状態」なのは，一方で税収の比率を国と地方で２対１とし，他方で歳出の比率を国と地方で，税収とは逆に，１対２とし，その際に，国から地方へ，地方交付税と国庫支出金を交付することを内包しており，しかも，その交付は，単なる差額補填ではなく，つまり，各地域で徴収した国税と同額をそれぞれ各地域へ交付するのではなく，つまり単に返却するのではなく，地域間所得再分配を実現しているからである。したがって，「地方税を増税するか減税するかは国とは独立に地方公共団体の独自の判断で決め，地方公共団体が課税自主権を実質的に発揮するように」する，際には，地方交付税と国庫支出金に充当していた国税相等額だけ，減額することが必要不可欠である。

## 6　地方交付税の算定方法

地方交付税の算定方法には，地方の財政規律を阻害する要因が内在しています。地方交付税は，地方公共団体ごとに，今年度の基準財政収入額と基準財政需要額を算定し，基準財政需要額のほうが多い地方公共団体にのみ，その差額である財源不足額に比例して（普通）交付税が交付されます。

こうした差額補填方式とも呼べる算定方法には次のような問題点があります。例えば，地方公共団体が熱心に行政改革に取り組んでいて，住民の要望に応えて少子化に合わせて小中学校を統廃合したとします。そうすると，小中学校のためにかかる経費が節約できます。それとともに，基準財政需要額で教育費はそんなに必要ないと見なされて，基準財政需要額は少なくなります。もし基準財政収入額が同じならば，基準財政需要額が減った分，これらの差額が減って配分される交付税が減少します。そうなると，行政改革をして支出を減らしたにもかかわらず，それに連動して（基準財政需要額が減るため）配分される交付税が減ると，地方公共団体の収支はほとんど改善しないことになります。このことから，行政改革を行う努力が報われないしくみが，現行の交付税の算定方式には内包しているといえます。

他の例として，地方公共団体による地元経済を活性化する努力が実り，税率を上げなくても税収が増えたとしましょう。しかし，基準財政需要額がそのままなら，この税収増加により，基準財政収入額が多くなり，交付税がその分だけ少なくなります。すると，税収が増えても交付税が減る分だけは全体の収入はそれほど増えないことになります。確かに，交付税に依存しないようになるでしょうが，わざわざ努力して地元経済を活性化したのかわからない結果になります。逆に言えば，地元経済を活性化せずに税収が増えなくても，交付税で財源が確保できてしまうことになります。だから，地方公共団体の税収増加努力が報われないしくみが地方交付税制度には内在します。

上記のようなインセンティブが働くことは，現行制度が望んでいることではありませんが，制度に内在する動機付けが経済合理性から見て上記の通りであるため，望ましくない状況といえます。つまり，地方公共団体が不必要な支出をやめたり，地元経済を活性化して税収を増やしたりする政策努力が報われず，交付税に依存し続けようとする状況です。

（土居丈朗［2009－2010］94－95頁）

結論的に，「地方交付税の算定方法には，地方の財政規律を阻害する要因が内在しています」，というが，以下で見るように，「阻害する要因」，は，架空の世界で指摘されるものであり，現実の事例ではなく，その限りで，現実に「内在」，しているとは断定できないものである。

「行政改革を行う努力が報われないしくみが，現行の交付税の算定方式には内包している」ことが誘発されている事柄として例示されている事柄は，「例えば，地方公共団体が熱心に行政改革に取り組んでいて，住民の要望に応えて少子化に合わせて小中学校を統廃合したとします」というように，つまり，「統廃合したとします」というように，架空の事柄であり，現実ではない。

例え，「少子化」が現実であったとしても，そもそも，「少子化」は，社会全体の動向であり，このような場合は，特定の「地方公共団体が熱心に行政改革に取り組んでいて，住民の要望に応えて少子化に合わせて小中学校を統廃合」する前に，標準団体において，義務教育全体の費用が縮小され，結果的に単位費用が縮小され，全ての地方公共団体の基準財政需要額が縮小される。したがって，小中学校の統廃合は，特定の地方公共団体の行政改革の例になりえない。

このように，現実が例示されていない限りにおいて，「行政改革を行う努力が報われないしくみが，現行の交付税の算定方式には内包しているといえ」ないことになる。

「地方公共団体の税収増加努力が報われないしくみが地方交付税制度には内在します」と言って，例示されている事柄は，「他の例として，地方公共団体による地元経済を活性化する努力が実り，税率を上げなくても税収が増えたとしましょう」という架空の事柄，つまり，「増えたとしましょう」という架空の事柄である。現実が例示されているのではない。

そもそも，現在，経済力の高い地域の東京都や大阪府は，「地方公共団体による地元経済を活性化する努力が実」った結果とは思われない。「地元経済を活性化する」能力が，地方公共団体に，多少はあるとしても，「税率を上げなくても税収が増え」る程，具有しているとは思われない。「地方公共団体による地元経済を活性化する努力」とは独立に，「地元経済」が「活性化」し，結果として，「税率を上げなくても税収が増え」るのが，現実と思われる。「地元経済」を「活性化」できる程，地方公共団体に，市場経済を操作できる程の能力があるとは思われないのである。

「上記のようなインセンティブが働くことは，現行制度が望んでいることではありませんが，制度に内在する動機付けが経済合理性から見て上記のとおりであるため，望ましくない状況といえます。つまり，地方公共団体が不必要な支出をやめたり，地元経済を活性化して税収を増やしたりする政策努力が報われず，交付税に依存し続けようとする状況です」，というが，「上記のようなインセンティブ」，にしても，「上記のとおり」，の「制度に内在する動機付け」，にしても，いずれも，架空の世界に関する事柄であり，同様に，「望ましくない状況」，にしても，「交付税に依存し続けようとする状況」，にしても，いずれも，架空の世界に関する事柄である。現実に関して提示されることが望まれる。

## 7　地方交付税と地方債償還財源

地方交付税は，地方債の償還財源までも手当てしており，地方債発行の規律が働かなくなる要因を制度的に内包しています。基準財政需要額には，過疎対策事業債，財源対策債，減収補填債などの元利償還金（公債費）も算入対象となっています。これは，将来自力で償還できないにもかかわらず，該当する事業の支出を地方債で調達すれば，その行政サービスの便益を享受しながらも，償還金は将来の自地域の税収ではなく，他地域で徴税された分も含めた将来の国税（交付税）で手当てしてもらえることを意味します。しかも，算入対象となる地方債収入を用いる事業を優先的に実施すれば，基準財政需要額は増加するから，受け取る交付税額が増加することになります。

このしくみによって，公債費については自地域で租税負担をほとんど負わずに起債できるため，財政力が弱い地方公共団体は，地方債を発行して事業を実施しようとします。こうして，財政規律が働かず，必要以上に将来あるいは他地域の負担に転嫁するインセンティブが生じています。

このように，地方交付税と地方債の制度には，地方公共団体の財政規律を阻害する方向に機能しています。この状況を改めるには，現行制度を根本的に改める必要があります。

これらの問題は，多少の改善で地方公共団体の歪んだインセンティブを是正できるものではありません。この欠陥を解消するには，基準財政需要額や基準財政収入額の決定方式自体に欠陥が内在している以上，現行の算定方式を根本的に改めたほうが早道でしょう。

地方債元利償還金（公債費）の交付税措置に伴う放漫財政の源は，根源的に断たなければなりません。そのために必要な地方交付税改革として地方債元利償還金の交付税措置を新たに行うことを止めることが今後不可欠です。

（土居丈朗［2009－2010］95頁）

「地方交付税は，地方債の償還財源までも手当てしており」という指摘の背後には，暗黙裏に，地方交付税措置が，地方債と，地方公共団体の主たる事業の，後期高齢者医療・介護保険・国民健康保険・協会けんぽ・公立病院・道路・河川・公営住宅・下水道・上水道・義務教育・高校教育・清掃とで異なる，という認識がある。具体的に言えば，「地方債の償還財源までも」の「までも」は，後者の，地方公共団体の主たる事業について，交付税措置を取るのは，許容されるが，前者の，地方債の償還財源については，許容されない，という含意が在る。しかし，両者で異ならない。というのは，地方交付税の目的は，地域間所得再分配によって，全国同一水準の公共サービスを実現することであり，この目的は，交付対象が，地方債の償還財源であろうと，後者の主たる事業であろうと，同じように果たされるからである。もともと，地方債発行による調達資金の充当対象が究極的には，事業であることを考慮すると，償還財源と，後者の主たる事業とを，区別することが無意味なのであるから，当然のことである。

「将来の自地域の税収」とは地方税であり，「他地域で徴税された分」とは国税であり，「も含めた」の「も」で暗黙裏に想定されているのは，自「地域で徴税された分」の国税である。

厳密に言えば，「将来の自地域の税収ではなく」というのは誤りである。改めて言うまでもなく，地方交付税は，基準財政需要額と基準財政収入額との差額の財源不足額に対して，交付され，後者の基準財政収入額は「将来の自地域の税収」なので，「償還金は将来の自地域の税収」からも成る，というのが正しい。

「償還金は……他地域で徴税された分も含めた将来の国税（交付税）で手当てしてもらえる」というのは，経済力の低い地域については正しいが，しかし，経済力の高い地域については誤りであり，その限りで，両面的ではなく，一面的である。それだけではない。因果のうち結果のみしか着目していない限りで，その一面的も，表面的でしかない。

経済力の低い地域と雖も，その地域の住民は，交付税の財源の国税を納めており，したがって，「償還金は」自「地域で徴税された分」の国税に，「他地域で徴税された分」の国税「も含めた将来の国税（交付税）で手当てしてもらえる」のである。受けた交付税のうち，自「地域で徴税された分」の国税に不足する額いわば交付税不足額に，「他地域で徴税された分」の国税のうち，その「他地域」が受けた交付税を超過する額いわば国税超過額が，充当されるのである。同じことの繰り返しになるが，この「他地域」は，経済力の高い地域であり，この地域の住民は，この地域の地方公共団体が受けた交付税を超過して，交付税の財源の国税を納付しており，この国税超過額こそが，「償還金は…他地域で徴税された分も含めた将来の国税（交付税）で手当てしてもらえること」を可能にしているのである。

「基準財政需要額には，過疎対策事業債，財源対策債，減収補填債などの元利償還金（公債費）も算入対象となっています。これは，将来自力で償還できないにもかかわらず，該当する事業の支出を地方債で調達すれば，その行政サービスの便益を享受しながらも……将来の国税（交付税）で手当てしてもらえること」が，暗黙裏に，経済力の低い地域にのみ想定されているが，しかし，経済力の高い地域についても同様のことが想定されうる。というのは，全体として，一方で税収において国対地方が２対１と法定され，他方で歳出において国対地方が税収と逆に１対２と法定されており，そのような中で，経済力の高い地域といえども，「将来自力で償還できない」ように制度化されており，「にもかかわらず，該当する事業の支出を地方債で調達すれば，その行政サービスの便益を享受しながらも……将来の国税（交付税）で手当てしてもらえる」ように制度化されているからである。

「地方公共団体の財政規律を阻害する方向に機能して」いるのは，「地方交付税と地方債の制度」ではなく，将来の需要予測のいい加減さであり，「根本的に改める必要」があるのは，「現行制度」ではなく，将来の需要予測の在り方である。

「地方公共団体の歪んだインセンティブ」は，「基準財政需要額や基準財政収入額の決定方式自体」についてではなく，将来の需要予測をいい加減に行っている，という点にあり，「根本的に改めたほうが早道」なのは，「現行の算定方式」ではなく，将来の需要予測のいい加減さであり，これは「多少の改善で」「是正できるもの」である。

「根源的に断たなければ」ならない「放漫財政の源は」，「地方債元利償還金（公債費）の交付税措置」ではなく，地方公共団体が行う各事業の将来予測のいい加減さである。「今後不可欠」なことは，「地方交付税改革として地方債元利償還金の交付税措置を新たに行うことをやめること」ではなく，地方公共団体が行う各事業の将来予測を，厳しく行うことである。誤解をおそれず，あえて言えば，「放漫財政」が，「地方債元利償還金（公債費）の交付税措置」を惹起したのであって，特にいわゆる赤字地方債についてはそうであって，因果関係は逆ではないのである。

かつて，国鉄の赤字の原因を，モータリゼーションの進展を軽視した需要見通しの甘さではなく，国鉄が資金を相対的に自由に借りられた資金運用部資金制度に求め，いま，また，全国の空港について必至とされている赤字の原因を，空港が過剰になりそうな需要見通しの甘さではなく，建設資金が相対的に容易に調達できた空港特別会計・勘定に求めているが，かような轍を，地方財政収支の赤字と，「地方債元利償還金の交付税措置」，との関係に関して，踏んではならない，と思われるのである。

## 8　地方公共団体の行政サービスの範囲

地方分権改革を進める上で，改革後に国と地方の役割分担をどのように行うかについて明確に示し，それに即して権限委譲などを行うことが重要です。しかし，近年取り組まれている地方分権改革では，国と地方の役割分担をどこまできちんと考慮しているでしょうか。

経済学的に見て，どのレベルの政府がどの行政サービスを提供するのが望ましいかは，行政サービスの便益享受とその費用負担の関係から導かれます。基本としては，前述の地方分権定理のように，地方で効率的にできることは地方で行うのが望ましいのです。その上で，行政範囲の便益が及ぶ範囲とほぼ同範囲の行政体に権限を委ね，その行政区域内の住民に費用を負担してもらうのが，資源配分の効率性の観点から望ましいのです。つまり，行政サービスの提供は，受益と負担ができるだけ一致するように行うのが望ましいのです。

そもそも，自治体が供給する行政サービスは，その便益が及ぶ範囲が地域的に限定されるものが多くあります。そうした性質を持つ行政サービスを，地方公共財と呼びます。経済理論から導かれる結果として，地方公共

> 財の便益を受ける住民により近い行政体が供給するほうが，地方公共財を国が供給するよりも効率性の観点から望ましいといえます。さりとて，あまり自治体の行政区域が小さ過ぎると，自治体が税収を用いて行う行政サービスの便益が，必ずしも自らの行政区域内のみでなく，行政区域外にも波及する場合があります。すると，他地域の住民で税負担をせずに便益だけ享受するただ乗りが生じます。ですから，行政区域を便益の及ぶ範囲と対応させる必要があります。現行の行政区域では便益が域外に波及する場合，自治体の合併や広域行政体の導入を図るべきです。
>
> （土居丈朗［2009－2010］95頁）

「地方分権改革を進める上で，改革後に国と地方の役割分担をどのように行うかについて明確に示し，それに即して権限委譲などを行うことが重要です」という指摘の背後には，暗黙裏に，改革前には，つまり現行においては，「国と地方の役割分担をどのように行うかについて明確に示」されていない，という認識がある。しかし，現行においては，「国と地方の役割分担をどのように行うかについて明確に示」されている。このことと，「権限委譲などを行うこと」とは，独立に行えることである。

「近年取り組まれている地方分権改革では，国と地方の役割分担をどこまできちんと考慮しているでしょうか」という指摘の背後には，暗黙裏に，改革前には，つまり現行においては，「国と地方の役割分担を…きちんと考慮してい」ない，という認識がある。しかし，現行においては，「国と地方の役割分担」はきちんと考慮されている。

「どのレベルの政府がどの行政サービスを提供するのが望ましいか」とか，「地方で効率的にできることは地方で行うのが望ましい」とか，「行政範囲の便益が及ぶ範囲とほぼ同範囲の行政体に権限を委ね，その行政区域内の住民に費用を負担してもらうのが，資源配分の効率性の観点から望ましい」という，指摘の背後には，現行では，これらの観点が採られていない，という認識がある。

しかし，現行では，これらの観点が採られている。「権限」については，若干のコメントが必要であり，これについては後述するとして，この点は今は問わないことにすると，現行では，「行政範囲の便益が及ぶ範囲とほぼ同範囲の行政体に権限を委ね」る，というようになっている。地方公共団体が行っている主たる業務の，後期高齢者医療・介護保険・国民健康保険・協会けんぽ・公立病院・道路・河川・公営住宅・下水道・上水道・義務教育・高校教育・清掃など，全て，「行政範囲の便益が及ぶ範囲とほぼ同範囲の行政体に権限を委ね」る，というようになっている。

ただ，「行政範囲の便益が及ぶ範囲とほぼ同範囲の行政体に権限を委ね」る，としても，その便益の水準との関わりで，国が以下のように関与している。

現行において，仮に，「どのレベルの政府がどの行政サービスを提供するのが望ましいかは，行政サービスの便益享受とその費用負担の関係から導」くとすると，また，仮に「地方で効率的にできることは地方で行う」ようにすると，また，仮に，「行政範囲の便益が及ぶ範囲とほぼ同範囲の行政体に権限を委ね，その行政区域内の住民に費用を負担してもらう」ようにすると，そして，「行政サービスの提供は，受益と負担ができるだけ一致する」ようにすると，地域間所得格差が存在する現状においては，費用負担の可能性において地域間格差が存在し，それに基づき，行政サービスの便益水準において，地域間格差が生じる可能性がある。経済力の高い地域では，高い費用負担が可能なので，高い水準の行政サービス供給が可能であり，逆に，経済力の低い地域では，低い費用負担しかできないので，低い水準の行政サービスしか供給できず，結局，行政サービスの便益水準において，地域間格差が生じる可能性がある。

ここで，行政サービス水準が地域間で異なることは望ましくなく，全国的に同一が望ましいとする，公平性の観点から，「行政サービスの提供は，受益と負担ができるだけ一致する」ようには制度化せずに，「行政サービスの提供は，受益と負担ができるだけ一致する」ようにした場合の受益を，経済力の高い地域では低め，逆に，低い地域では高めて，全国的に同一水準にし，この全国同一水準の行政サービスを実現するために，全国に国税を課し，この国税の全額を地方公共団体に交付する際に，地域間所得再分配を行う。これが，現行の国の関与の仕方である。

## 9　地方交付税と国庫補助負担金

> 国から地方への財政移転制度は，地方交付税制度を根本的に変え，簡素でかつより洗練された財政移転制度を構築する必要があります。
>
> そこで，財政調整機能を担う財政移転制度の新設があり得ます。国から地方への財政移転総額の縮減に伴い，限りある移転財源を税収の少ない団体に重点的に配分するよう配慮しつつ，財政移転への依存の程度が小さい（少額の財政移転を受ける）団体を不交付団体にするよう，傾斜的な配分を行うことが必要です。
>
> それとともに，財源保障機能に関連して，国庫補助負担金を洗練化させる必要があります。国が一部しか財源を負担しない割には行政的に強く関与している状況を改め，地方に権限を委ねてよいものは，国からの行政的関与をやめるとともに国庫負担も行わないこととすることが重要です。逆に，ナショナル・ミニマムに属する行政は，国が行政権限を集中的に持つとともに，国庫負担を重点化すべきです。そして，全体として（三位一体改革後も税源移譲とリンクさせない形で単独で）国庫補助負担金を削減することができます。
>
> （土居丈朗［2009－2010］95－96頁）

そもそも，地方交付税制度と国庫補助負担金とを，前者は財政調整機能を担い，後者は財源保障機能を担うものとして，両者を独立のものとして，二つに分けられるものとして，二分法できる，とは思われない。両者は，ともに，財政調整機能と財源保障機能とを果たしているからである。地方交付税制度は財政調整機能を担うと同時に，財源保障機能も果たし，他方，国庫補助負担金は財源保障機能を担うと同時に，財政調整機能も果たしているからである。

国庫補助負担金は，全国の地方公共団体に，経済力の差異とは独立に，一律に交付され，他方，そのための財源の国税は，地方公共団体が存在する地域の経済力の差異によって異なり，いわば国税に地域間格差が存在する。したがって，国庫補助負担金の全国一律の交付は，その過程において，経済力の高い地域から，低い地域への，地域間所得再分配が行われている。これは取りも直さず，国庫補助負担金が財政調整機能を果たしていることを意味している。

地方交付税が充当される財源不足額は，基準財政需要額から基準財政収入額を差し引いた残額であるが，前者の基準財政需要額は，単位費用に基づいて算出される。この単位費用は，各経費別に，それぞれ，各経費の総額から，それぞれの国庫支出金を差し引いた残額の，差引一般財源から算出される。つまり，地方交付税は，国庫支出金で不足する分を，補っているのである。このことは，取りも直さず，地方交付税が，財源保障機能を果たしていることを意味している。

## 10 おわりに

本章の結論は次のとおりである。現行の地方交付税と国庫支出金とは，地域間所得再分配によって，全国同一水準の地方公共サービスを実現している。地方分権定理による三位一体改革は，その是非はさておき，地方交付税と国庫支出金とを廃止し，国税を地方税に全面的に移譲することである。かような措置は，受益と負担が一致しているか否かを公平の基準とする観点からは，受益と負担が一致しているので，公平である，ということになる。しかし，受益が，地域間で同一であるか否かを公平の基準とする観点からは，かような措置つまり三位一体改革は，同一でないので，不公平であり，行われない方が，望ましい，ということになる。

住民の地域間移動が，現実に自由な下でも，経済力の地域格差が生じ，それが解消されることなく，存続し，国税と地方税の各地域格差が存続する。仮に，公平の基準として，全国同一水準を採用するとし，その下で推進される特定化された「地方分権」とは，地方交付税と国庫支出金を存続させた状態の中で，使途の支出に関する決定の権限を，国から，地方公共団体に移譲するものである，ということになる。

# 第6章

# 政府系金融機関の改革案の検討

## 1　はじめに

### 1－1　はじめに

地方分権の主張の内容は，受益と負担の一致を図ろうとするものである。ただ，現行の地方交付税と国庫支出金に対して，この主張は，両者の財源の国税の地域格差に明示的に言及せず，したがって地域間所得再分配に明示的に言及していない。

受益と負担の一致という観点で，地方分権の主張と軌を一にするのは，政府系金融機関の民営化の主張である。この民営化の主張は，その一部は，民間金融機関は政府系金融機関と代替可能なので政府系金融機関は廃止すべきである，というものであるが，これは，換言すれば，暗黙裏に，政府系金融機関の民間金融機関と異なる受益はゼロであるとし，したがって負担もゼロとすべきとして，受益と負担とはゼロという点で一致させるべきである，ということになる。しかし，代替可能とされている政府系金融機関の機能は，国税の財政補助によって可能となっており，国税の財政補助を受けていない民間金融機関の代替は不可能である。国税に言及していない点で，民営化の主張は，地方分権の主張と，軌を一にしている。

他方，この民営化の主張は，残存させる機関については望ましい機能を明示し，提言している。望ましい機能として提言するからには，提言する，望ましい機能は現実には行われていない，という現実認識があるのは，理の当然である。しかし，この主張が，現実には行われていないとして提言する，望ましい機能は，実は現実に行われており，その限りで，この民営化の主張が認識する現実とは空中楼閣であり，現実には行われず望ましいと描く姿が現実なのである。提言の体をなしていないのである。しかも，残存させる機関への現実の，国税の財政補助について，民営化論は明示的に言及していない。国税に言及していない点で，民営化の主張は，地方分権の主張と，軌を一にしている。

ともあれ，本章では，政府系金融機関の民営化論を検討し，それを通して，地方分権論の，受益と負担の一致の実現を目的とし，国税の地域格差に言及していない点を，逆照射していきたい。

本章では，細野　薫［2005］を検討する。この論稿は，単独執筆の体裁を取っているが，実際は6人の専門家により共同執筆されたものであり，政府系金融機関の改革に関する論稿に共通の，基本的な論点を論じており，検討するに十分に相応しいと思われる。以下，この論稿の全文を，その叙述の順序に従って引用し，検討することにする。引用文は，実線で囲んで示し，一々，執筆者名を掲げることはしない。以下，各節の見出しは，筆者によるものである。

## 1－2　結論の検討

> 政府系金融機関の改革では，機能に関して「民業補完」の原則を徹底させる必要がある。中小企業金融などは，民間金融機関によって十分代替可能であり，過渡的に保証業務や債権証券化業務などを担当した後，貸出債権市場が整備された時点で廃止すべきである。

これは結論部分である。そこで，ここでも結論的に述べることにする。

上記は，「『民業補完』の原則を徹底させる必要がある」，と述べている。しかし，たんに原則を述べるだけでなく，原則が現実に行われているか否かの実証分析を期待したい。

上記は，「中小企業金融などは，民間金融機関によって十分代替可能であり」，と述べている。しかし，可能か否かは，民間金融機関に，政府系金融機関が受けている補助金相等額を負担する義務があるか，ということに関っている。負担する能力はさておき，そういう義務が無ければ，代替可能ではない，ということになる。この点に関する論述が無い限り，無意味な主張になる。

上記は，「過渡的に保証義務……を担当した後，……廃止すべきである」，と述べている。しかし，現行の，膨大な補助金を必要としている保証義務について，全く触れることなく，つまり無知のままで，かような主張が行われており，無意味な主張のように思われる。

## 2　政府系金融機関への補助金・出資金

**不必要な機能温存のおそれ**

政策金融改革の議論が大詰めを迎えている。この議論にあたっては，経済財政諮問会議の民間議員が指摘するように「従来のような政策金融の役割は基本的には終わった」という前提に立ち，残す場合は「民間金融では対応できない」機能に限定するという原則の徹底が不可欠である。

統廃合後の政府系金融機関の数をいくつにするかが議論の焦点となっているが，それでは機能が必要かどうかの議論が十分になされず，規模の縮小が中途半端に終わるおそれがある。たとえ一機関に統合されることになったとしても，実は不必要な機能を温存させる懸念が強い。

現在の政策金融がもたらす弊害として二点挙げられる。第一に，政策金融を支えるための納税者の負担が多額でしかも不確定である。八つの政府系金融機関（住宅金融公庫は含まず）への追加出資金と補助金の合計は2004年度で3,737億円にのぼった。

第二に，政府補助のおかげで，政府系金融機関は民間銀行よりも低金利で融資できるので，民間金融機関の経営を圧迫する。金利はリスクを適切に反映せず，貸出市場の金利体系をゆがめている。適切な審査が行われず，融資を受けた企業の中には，本来ならば市場から退出すべき企業も含まれることも多い。そのような企業を温存することによって，他の健全企業の収益を圧迫することになる。

このため，政策金融は民間と競合する分野からは撤退し，財務の透明性を高めた上で，多額の納税者負担を正当化できる政策分野においてのみ，民間金融の補完に徹するべきである。

政策金融が民間金融を補完する機能を果たすのは，収益性は低いが「公共性」は極めて高い分野への融資に限られる。ここで言う「公共性」とは，たとえば，国民一般に広く浅い便益のある国際協力の一環としての途上国向け融資，事業から私的には回収の難しい便益が社会に広がるような開発的性格が強い新事業の育成，過去にケースが少なくリスク評価が難しい公共プロジェクトへの融資などが考えられる。社会的には実行するのが望ましい投資であっても，収益性が低ければ民間金融機関は融資しないし，リスク評価が難しい場合は民間金融機関への補助金などで対応するより政府機関（そして最終的には納税者）がリスクを取ることを正当化し得るからである。

ただし，政府系金融機関がこのような機能を果たすためには，民間金融機関に優るとも劣らない情報収集・審査能力や，高度な金融知識が要求されることになる。

上記は，「現在の政策金融がもたらす弊害として二点挙げられる。第一に，政策金融を支えるための納税者の負担が多額でしかも不確定である。八つの政府系金融機関（住宅金融機関は含まず）への追加出資金と補助金の合計は2004年度で3,737億円にのぼった」，と述べている。「多額」，と述べている。それならば，この半額ならば適切なのであろうか。何を基準として「多額」と考えているのであろうか。実は金額の多寡はそれ自体では問題にならない。便益を上回るか否か，の政策との優先基準で，金額の多寡の是非が判断されるのであって，「多額」，それ自体を問題視することは，全く無意味である。

しかも，上記は，出資金と補助金とを同一視しているが，両者は同一視できないものである。補助金は，補助金が支出された年度限りである。これに対して出資金は，出資された年度以降も使用され，回収されることを予定している。ただ，この出資金については，民間ならば支払わなければならない配当を，支払う義務は差し当っては無く，この配当相等額が補助金となる。

しかも，各年度においては，過年度に出資されたものが，累積額として存在しており，この累積額に対する配当相等額が，各年度の補助金をなしている。各年度の補助金には，過年度の出資金による補助金も含まれているのである。結局，各年度における補助金は，各年度限りの補助金と，過年度から累積されてきた出資金と，当年度の出資金とに対する配当相等額から成ることになる。上記にあっては，過年度から累積されてきた出資金に対する配当相等額の補助金が，視野に入っておらず，その限りで，視野狭窄に陥っている。

上記は，「八つの政府系金融機関への追加出資と補助金の合計は2004年度で3,737億円にのぼった」，と述べている。しかし，上記は，この積算の過程を明記していない。政府系金融機関の各金額を合計したかのごとく述べているが，仮に，各機関の金額を調べていたら，その合計をたんに「多額」，と言って，「弊害」，と断罪するとは思われないのである。各機関について便益との対比で，その金額を検討し，また，過年度から累積された出資金についても想倒したはずである。そうしていないのは，上記が，自分で計算したのではなく，他者が計算したものを鵜呑みにしたからである，という忖度が的外れであれば幸いである。

上記は，「第二に，政府補助のおかげで，政府系金融機関は民間銀行よりも低金利で融資できるので，民間金融機関の経営を圧迫する」，と述べている。しかし，政府系金融機関は，民間金融機関が貸付けることを困難とする中小企業に対して，「政府補助のおかげで……民間銀行よりも低金利で融資できる」，のであって，民間金融機関が対象とする中小企業には融資しないので，「民間金融機関の経営を圧迫する」，ということはありえない。

上記は，「金利はリスクを適切に反映せず，貸出市場の金利体系をゆがめている」，と述べている。しかし，政府系金融機関は，「リスクを適切に反映」，した「貸出市場の金利体系」，を前提として，それに受動的に対応して低金利を定めているのであり，自ら能動的に「金利はリスクを適切に反映せず，貸出市場をゆがめている」，事態を惹起しているようには思われない。

上記は，「適切な審査が行われず，融資を受けた企業の中には，本来ならば市場から退出すべき企業も含まれることも多い」，と述べている。「適切な審査が行われず」，というのも，「退出すべき企業も含まれることも多い」，というのも，事実に関する事柄であり，事実の分析結果である。かような分析が必要不可欠なのは確かである。しかし，管見の限りではあるが，かような分析を目にしたことがない。想像や揣摩臆測で，ものを言っているのでない以上，挙証責任がある。今後の分析ではなく，既存の分析として，是非とも開示されるように期待する。

## 3　政府系対象の中小企業と民間対象の中小企業

**金融危機の際　政府系は不要**

経済財政諮問会議の民間議員が10月末に政策金融で対応すべき機能として挙げたうち，インフラ政策と海外経済協力政策の二つについては，民業補完の観点から政策金融で対応することが正当化されよう。しかし，同様に政策金融の対象として挙げた零細・中小企業政策，農林漁業政策，沖縄政策などについては大きな疑問が残る。

零細・中小企業向け政策融資を考えてみよう。この議論の背景には，数年前の金融危機時において，政府系金融機関が中小企業向け融資に果たした役割に鑑み，金融危機時のセーフティーネット機能を維持すべきとの見方があると思われる。しかし，金融危機への対応としては，債務超過に陥った銀行の破綻処理などによる民間金融機関の整理統合や，一時的な流動性不足に陥った銀行に対する救済融資などによって，民間金融機関の健全性を回復させることが本来の政策である。

仮に，民間金融機関の健全性回復に時間がかかるような場合には，困っている中小企業に融資を行う民間金融機関に対して補助金あるいは適度の政府保証（100％政府保証はモラルハザードの観点から望ましくない）を与えるだけで十分である。要するに，金融危機時における中小企業支援がたとえ重要な政策であったとしても，政府系金融機関に頼ることなく政策目標を達成できる。

創業後間もない零細企業については，企業の信用力に関する情報の非対称性の問題から，民間金融機関は融資に慎重であり，補完のために政府系金融機関が必要という議論もあるかもしれない。しかし，政府系金融機関が民間金融機関よりも情報生産能力で上回るという事実はないし，全国規模で展開する政府系金融機関が地域に密着した民間金融機関より優位に立てるとは考えがたい。

政府系金融機関の多くは，必要ないだけではなく，上述のように金融システムにむしろ悪影響を及ぼしていることも忘れてはならない。政策的に貸出金利が決定されるため，リスクや融資期間に見合った金利設定を行うことが競争上難しくなり，民間金融機関の融資を阻害してしまうからである。また，いったん政府系金融機関が業務を拡大してしまうと，その後，金融技術の発展やリスク管理の向上によって民間金融機関が対応できるようになっても，一度拡大した業務を縮小することは困難となる。

上記では，異なる中小企業が同一視されている。「零細・中小企業向け政策融資を考えてみよう。この議論の背景には，数年前の金融危機時において，政府系金融機関が中小企業向け融資に果たした役割に鑑み，金融危機時のセーフティーネット機能を維持すべきとの見方があると思われる」，という時の中小企業は，民間金融機関が貸付けることを困難とする中小企業である。この中小企業と，次の中小企業とは異なるのである。つまり，「金融危機への対応としては，債務超過に陥った銀行の破綻処理などによる民間金融機関の整理統合や，一時的な流動性不足に陥った銀行に対する救済融資などによって，民間金融機関の健全性を回復させることが本来の政策である」，という場合の民間金融機関が貸付対象とする中小企業とは異なるのである。だからこそ，「仮に，民間金融機関の健全性回復に時間がかかるような場合には，困っている中小企業に融資を行う民間金融機関に対して補助金あるいは適度の政府保証……を与えるだけで十分である」，ということが可能なのである。民間金融機関が貸付けを困難とする中小企業に融資を行う政府系金融機関に対しては，「民間金融機関に対して補助金あるいは適度の政府保証を与える」，程度を超過するものが必要なのである。したがって「金融危機時における中小企業支援がたとえ重要な政策であったとしても，政府系金融機関に頼ることなく政策目標を達成できる」，というのは同義反復である。というのは，「政府系金融機関に頼ることなく」，民間金融機関から貸付けを受けられる中小企業の「金融危機時における……支援が……政府系金融機関に頼ることなく政策目標を達成できる」，ということになるからである。

上記は，「政府系金融機関が民間金融機関よりも情報生産能力で上回るという事実はない」，と述べている。しかし，管見の限りではあるが，「事実はない」，という分析を目にしたことがない。是非とも，そういう分析を開示して頂きたい。想像や揣摩臆測で，ものを言っているのでない以上，そのような分析があるはずだからである。

「全国規模で展開する政府系金融機関が地域に密着した民間金融機関より優位に立てるとは考えがたい」，と述べている。しかし，これは，自家撞着に陥る可能性がある。というのは，「地域に密着」はおろか，「全国規模で展開」もしていない学者が，分析において，「地域に密着した民間金融機関」はおろか，「全国規模で展開する政府系金融機関」「より優位に立てるとは考えがたい」，ということにもなりかねないからである。

上記は，「いったん政府系金融機関が業務を拡大してしまうと，その後，金融技術の発展やリスク管理の向上によって民間金融機関が対応できるようになっても，一度拡大した業務を縮小することは困難となる」，と述べている。「一度拡大した業務を縮小することは困難になる」，という事実が存在するか否か，分析の開示を待ちたい。仮定の話が続けられていき，何時の間にか，事実であるかのごとく論じられ，「政府系金融機関の多くは，必要ないだけでなく，上述のように金融システムにむしろ悪影響を及ぼしていることも忘れてはならない」，というような論理になっているようにも思われるのである。

## 4　個々の政府系金融機関

**債権証券化など過渡的な業務に**

改革にあたって，政府系金融機関が現在保有する貸出債権については市場で売却すればよい。政府系金融機関の改革が貸出債権市場の拡大につながり，その後の中小企業向け融資を促進することになる。また，一足早く改革が始められた住宅金融公庫のように，保証業務を組み合わせながら民間金融機関の貸出債権の買い手として市場に参加することも考えられるが，これはあくまで市場が整備されるまでの過渡的な業務として位置づけるべきである。

結論的には，民間金融と競合している機関は，民営化して収益が上がる見込みがあれば民営化し，その見込みがなければ整理すべきである。収益性は低いが公益性の高い融資を行うという意味で，政策金融の価値を見いだせる機関については，業務の見直しを行い，機能的に重複する組織を統合して簡素化を図るべきである。

以上の観点から八つの政府系金融機関それぞれの改革の方向性を簡単に整理すると以下のようになる。

国際協力銀行は，リスクの大きなエネルギー・プロジェクト関連融資，通貨危機対応の国際機関との協調融資，平時の途上国向け融資により民間金融を補完しているし，さらに無償援助も担当しており，民間にはできない機能を担っているのでこれは存続させるのが適当である。先進国向けの融資（貿易金融）は縮小すべきである。

日本政策投資銀行は，金融新技術の開発で実績があり，投資銀行として民営化も可能であろう。仮に政策金融機関として存続させる場合には，公益性の高い融資や外部経済効果の高い市場整備などの分野に活動を限定し，民間と競合する分野からは撤退すべきである。

民間金融を補完するのはこれら二つの政府系金融機関だけであり，残りの６機関の業務分野は基本的に民間金融と競合する。中小企業政策，農林漁業政策，沖縄政策など，たとえ国の政策として妥当であっても，政策金融の機能や組織としては問題が大きいものもある。

国民生活金融公庫と中小企業金融公庫は業務分野に共通点が多いことから統合して，貸出業務から撤退し，当面は保証業務と債権証券化業務に専念する。市場が整備され，役割が終了した時点で廃止すべきである。

商工中金は，他の政府系金融機関と違って補助金に依存しているわけではないので，容易に民営化可能と思われる

公営企業金融公庫の機能は，地方債市場を発展させることで代替可能であり，適当な経過措置の後に廃止すべきである。

農林漁業金融公庫の機能は，農協や地銀によって十分代替可能なので，廃止すべきである。

沖縄振興開発金融公庫の機能も，他の金融機関によって代替可能であり，廃止すべきである。

以上の提言は筆者のほか，金融監督政策研究グループの伊藤隆敏（東京

大学)，桜川昌哉（慶応大学)，原田喜美枝（中央大学)，星岳雄（カリフォルニア大学サンディエゴ校)，家森信善（名古屋大学）が執筆に加わった。

## 4－1　民間金融機関との競合

上記は，「結論的には，民間金融と競合している機関は，民営化して収益が上がる見込みがあれば民営化し，その見込みがなければ整理すべきである」，と述べている。しかし，「民間金融と競合している機関」，というのは，定義不可能である。というのは，仮に同じ中小企業を貸付対象としているとすると，政府系金融機関には補助金があるだけ，民間金融機関よりも必ず優位に立つはずであり，対等ではありえないはずだからである。それに，そもそも，政府系金融機関は，民間金融機関が貸付けることを困難とするものに対して，貸付け，政府系金融機関と民間金融機関とは棲み分け，そういう意味で併存しているからである。「競合している」，という事実があるとしたら，是非とも，そのような分析を開示して頂きたい。

「民営化して収益が上がる見込みがあれば民営化し，その見込みがなければ整理すべきである」，という前提には，各年度限りの補助金は廃止し，また，出資金への配当相等額の免除は廃止して，配当をすべきということがある。その際に，便益の有無，あるとしたら，補助金との大小の検討が必要となる。そのような検討なしの存続あるいは廃止の主張は，無意味と思われる。

## 4－2　国際協力銀行

上記は，「国際協力銀行は，リスクの大きなエネルギー・プロジェクト関連融資，通貨危機対応の国際機関との協調融資……により民間金融を補完しているし……民間にはできない機能を担っているのでこれは存続させるのが適当である」，と述べているが，しかし，なぜに，民間にはできない機能を担っているのか，ということについては，何も述べていない。根拠のない断定的な主張になっているのである。

このような機能が実現可能なのは，国際協力銀行が，政府から補助金を得ているからである。すなわち，その国際金融等勘定の貸借対照表（『財政金融統計月報』623号59頁ならびに639号70頁）から明らかなように，国際協力銀行には資本金があるが，これは政府出資金である。過年度から累積されてきた資本金である。この資本金の３分の２程度の規模の準備金も，資本金と同様のものである。この両者に当期利益金を加えた，資本合計が政府出資金である。これは平成16年度末で１兆7,000億円強である。これに対する配当は，さしあたっては支払わなくてもよく，その限りで，この配当相等額は政府からの補助金になる。このような補助金があるからこそ，先に見た，「リスクの大きな……融資」，や，「危機対応の……協調融資」，が可能なのである。

ただ，「リスクの大きな……融資……危機対応の……協調融資」，が実現可能だからと言って，直ちに，「存続させるのが適当である」，とは限らない。というのは，前者の便益が，後者の負担を上回る限りで，「適当である」，ということになる。もちろん，これは必要条件であって，十分条件ではない。他の融資との対比で，最終的には是非が定まる。

上記は，「国際協力銀行は……平時の途上国向け融資により民間金融を補完しているし，さらに無償援助も担当しており，民間にはできない機能を担っているのでこれは存続させるのが適当である」，と述べている。しかし，上記は，なぜに，民間にはできない機能を担っているのか，ということについては，何も述べていない。その限りで，根拠のない断定的な主張になっているのである。このような機能が実現可能なのは，国際協力銀行が，政府から補助金を得ているからである。すなわち，その海外経済協力勘定の原資の構成と推移（『財政金融統計月報』623号61頁）と資金計画（同639号71頁）とから明らかなように，国際協力銀行は毎年，一般会計から出資金を受け入れている。この規模は，他の政府系金融機関と比べて膨大である。この毎年の出資金が累積されたものが，その海外経済協力勘定の貸借対照表（『財政金融統計月報』623号59頁ならびに639号71頁）における出資金である。この資本金は他の政府系金融機関と比べて膨大である。この資本金を主とする資本合計を，政府出資と言ってよいが，これは，平成16年度末には７兆円になっている。この政府出資金に対する配当は，さしあたっては支払う必要がなく，その限りで，この配当相等額は政府からの補助金になる。さらに，その海外経済協力勘定の損益計算書（『財政金融統計月報』623号59頁，627号72頁，639号72頁）から明らかなように，平成15年度からは，一般会計から交付金つまり補助金も受け入れている。このような補助金があるからこそ，「平常の途上国向け融資……さらに無償援助」など「民間にはできない機能を担っている」，ことが可能となっているのである。

ここで，無償援助について補足しておく。さしあたり明らかなことは，国際協力銀行が，借入金で途上国に無償援助しているのではない。また，国際協力銀行が，政府出資金で無償援助しているのでもない。出資金は回収を予定しているからである。ただ，一般に建設資金の一部については政府が無償援助し，残りについては国際協力銀行が融資を行い，その融資の条件が，先の膨大な補助金に支えられて，無利子あるいは超低金利になっている，ということである。そして，通常金利との差額が，建設資金の一部の無償援助と共に，無償援助を構成することになる。金利差の無償援助は，補助金によって行われているのであり，国際協力銀行自体が生み出したものではない。結局，「国際協力銀行は……無償援助も担当しており，民間にはできない機能を担っている」，というのも，このような限定された意味においてなのである。国際協力銀行融資それ自体において，無償援助などできるわけがなく，融資に付随して，補助金によって可能となっているのである。

ところで，平時の途上国向け融資や無償援助を行っているからと言って，それだけで，「存続させるのが適当である」という結果にはならない。平時の途上国向け融資や無償援助による便益がいかなるものであり，その便益が，先の補助金を上回るか否かに，「存続させるのが適当である」か否かが，掛かっている。そのような分析なしには，「存続させるのが適当である」，という結論は導出できないのである。

## 4－3　日本政策投資銀行

上記は,「日本政策投資銀行は……投資銀行として民営化も可能であろう」,と述べている。しかし，民営化は不可能なように思われる。というのは，日本政策投資銀行において，民間金融機関が貸付けることを困難とする企業に対して，貸付けが可能となっているのは，政府から補助金を得ているからである。民営化が可能とは，民間金融機関が貸付けることを困難とする企業に対して，民間金融機関が補助金相等額を自己負担して，そのような貸付けを行う，ということであるが，これは自己矛盾である。民間金融機関には，そのような補助金相等額を自己負担する義務はなく，ないからこそ，民間金融機関が貸付けることを困難とする企業が存在するのである。

日本政策投資銀行の貸借対照表（『財政金融統計月報』591号70頁，615号68頁，639号69頁）において，資本金は政府出資金である。この資本金に匹敵する準備金も政府出資金と同様のものである。この両者に当年度利益金を加えた，資本合計は政府出資金である。この政府出資金は，過年度から累積されたものであるが，これに対する配当相等額は，さしあたっては，支払う必要がなく，その限りでコストゼロの資金である。この支払う必要のない配当相等額が補助金をなし，この分だけ，貸付けにおいて金利を低下させることが可能である。かような意味で，日本政策投資銀行は政府から補助金を受け入れているのである。平成16年度末現在で，資本合計は約２兆3,000億円であるが，これに対する配当相等額を，民間金融機関が自己負担すべき義務はなく，その限りで，日本政策投資銀行の民営化は不可能なように思われる。

なお，上記は,「日本政策投資銀行は……投資銀行として民営化も可能であろう」と述べたパラグラフの直後のパラグラフにおいて，全く正反対のこと，つまり,「民間金融を補完するのはこれら二つの政府系金融機関だけであり」と述べて，国際協力銀行と並んで，日本政策投資銀行は民間金融を補完している，と述べている。整合的でないことは言うまでもない。

上記は,「仮に政策金融機関として存続させる場合には，公益性の高い融資や外部経済効果の高い市場整備などの分野に活動を限定し，民間と競合する分野からは撤退すべきである」，と述べているが，これは，「仮に……場合には……べきである」ということから明らかなように，仮定の話であって，現実の分析ではない。しかし，上記の論稿にあっては，仮定の話が現実の分析にスリカエられるのが常なので，一応は，現実の分析として論を進めることにする。

日本政策投資銀行の資金計画（『財政金融統計月報』591号16頁，615号15頁，639号15頁）から明らかなように，日本政策投資銀行は，上記のような提言を待つまでもなく，現実に「公益性の高い融資や外部経済効果の高い市場整備などの分野に活動を限定し」ている。最初から，「民間と競合する分野からは撤退」，しているのであるから，「仮に政策金融機関として存続させる場合には……民間と競合する分野からは撤退すべきである」，という提言は，上記の想像上の架空の日本政策投資銀行と関係はあっても，現実の日本政策投資銀行とは無縁である。上記が現実と考えて描く姿は空中楼閣であり，上記が非現実と考えて新たに提言する姿が現実なのである。

結局，検証すべきは，先の補助金を上回る便益を，日本政策投資銀行が生み出しているか否か，である。現実の分析なくして，仮定の話から，現実の改革が提案されたのでは，意味がない。

## ４－４　国民生活金融公庫と中小企業金融公庫

上記は，「国民生活金融公庫と中小企業金融公庫は業務分野に共通点が多いことから統合して」，と述べているが，はたして，共通点が多い，と断定できるであろうか。というのは，貸付限度が，例えば前者が4,800万円で後者が４億8,000万円というように，１対10の比率であり，これだけの差異から，共通点が多い，とは断定し切れないからである。大まかに言えば国民生活金融公庫は小企業に，中小企業金融公庫は中企業に，それぞれ貸付けているように思われる。したがって必ずしも，このことを根拠にして，統合した方がよい，とは言えないように思われる。

上記は，「業務分野に共通点が多いことから統合して，貸出業務から撤退し」，と述べているが，仮に，共通点が多い，とし，統合した方がよい，としても，このことと，貸出業務からの撤退とは，独立的である。共通点が多いことは，貸出業務からの撤退を正当化する論理的根拠たりえない。

そもそも両公庫は財政補助を受けて貸出業務を行っており，したがって，貸出業務からの撤退の是非は，財政補助と，それによる便益との比較を行って初めて定められる。

国民生活金融公庫は，その損益計算書（『財政金融統計月報』591号65頁，615号64頁，639号65頁）から明らかなように，毎年，一般会計から補助金を受け入れている。いわばフローとしての補助金を受け入れている。他方，その貸借対照表（『財政金融統計月報』591号65頁，615号64頁，639号64頁）から明らかなように，各時点において，過年度から累積された一般会計出資金があり，これには配当を支払わないでもよいという限りにおいて，配当相等額の補助金を受け入れていることになる。これは，いわばストックとしての補助金をなす。この二つの補助金によって国民生活金融公庫は，民間金融機関が貸付けを困難とする小企業に対して，低利貸付が可能となっている。貸付業務からの撤退の是非は，補助金と，貸付けが行われなかった場合の倒産などによる損失との，大小如何による。

中小企業金融公庫は，その損益計算書（『財政金融統計月報』591号66頁，615号65頁，639号66頁）から明らかなように，毎年，一般会計から補助金を受け入れている。いわばフローとしての補助金を受け入れている。他方，その貸借対照表（『財政金融統計月報』591号66頁，615号65頁，639号65頁）から明らかなように，各時点において，過年度から累積された一般会計出資金と産業投資出資金とがあり，これらには配当を支払わないでもよいという限りにおいて，配当相等額の補助金を受け入れていることになる。これは，いわばストックとしての補助金をなす。この二つの補助金によって中小企業金融公庫は，民間金融公庫が貸付けを困難とする中企業に対して，低利貸付が可能となっている。貸付業務からの撤退の是非は，補助金と，貸付けが行われなかった場合の倒産などによる損失との，大小如何による。

さらに上記は，「貸出業務から撤退し，当面は保証業務……に専念する」，と述べ，あたかも，現行の両公庫の貸出業務が保証を随伴していないかのごとく，想定している。しかし，両公庫の貸出業務は，民間金融機関が貸付けることを困難とする，ということを前提条件としており，その限りにおいて，両公庫の貸出業務は，現実に保証業務を随伴しているのである。上記が，行っていないと想定していることを，行っているのである。わざわざ提案されるまでもないのである。

また，上記は，あたかも，中小企業に対する信用保証が現存しないかのごとく想定し，また，中小企業金融公庫は信用保証を現実に行っていないかのごとく想定している。しかし，かような想定は論外である。というのは，中小企業に対する信用保証は現存するし，しかも，貸出業務から撤退したのではなく，他を吸収した形ではあるが，中小企業金融公庫は平成16年７月から信用保証を行っているからである。

中小企業が民間金融機関から貸付けを受ける際に，中小企業が一定の保証料を支払えば，信用保証協会が信用保証を行ってくれる。また，創造的事業活動を行う中小企業が社債を発行して資金調達を行う際に，指定支援機関が信用保証を行ってくれる。前者の信用保証協会は，各都道府県ならびに大阪・名古屋・岐阜・横浜・川崎の各市に，それぞれ一つずつあり，後者には45ある。

これらの信用保証に対して，政府関係機関の中小企業総合事業団が，その信用保険部門において，再保険を行っている。その損益計算書（『財政金融統計月報』623号134頁ならびに中小企業金融公庫ホームページ），から明らかなように，この事業団は毎年，膨大な当期損失金を計上している。平成13，14，15の各年度において，この事業団の当期損失金と，中小企業金融公庫の一般会計受入とを対比すると，それぞれ6,004億円対547億円，6,138億円対388億円，3,788億円対450億円，となっている。事業団の信用保証における当期損失金は膨大であり，中小企業金融公庫が貸出業務から撤退して保証業務に専念すべし，という上記の提案は，ほとんど絵空事にしか思えない。

貸借対照表（『財政金融統計月報』623号134頁ならびに中小企業金融公庫ホームページ）における資本金は，全額が政府出資である。これを平成15年度末で見ると，中小企業金融公庫の4,497億円に対して，事業団は1兆2,900億円となっており，事業団は公庫の約3倍ほどの規模となっている。この資本金を，当期損失金は取り崩すようになっており，中小企業金融公庫の保証業務への専念は，ほとんど絵空事にしか思えないのである。

なお，この中小企業事業団の信用保証部門は平成16年7月以降，中小企業金融公庫に吸収されている。貸出業務と併存しているのである。知らぬこととはいえ，提案される前に現実が進行しており，提案が現実を後追いする稀有な例となっている。

## 4－5　商工組合中央金庫

上記は，「商工中金は…補助金に依存しているわけではない」，と述べているが，これとは逆に，補助金に依存している，というのが正しく，したがって，「容易に民営化可能」，の逆が正しいように思われる。

なるほど，毎年，一般会計からの受入がないのは事実である。その限りで，「補助金に依存しているわけではない」，というのは正しい。しかし，その貸借対照表（『財政金融統計月報』623号89頁，639号107頁）から明らかなように，商工中金には，過年度から累積された政府出資金がある。しかも，資本金に占める政府出資金と組合出資金との比率は約4対1であり，政府出資金が圧倒的に大きい。利益剰余金も広義には資本金に含められ，これを約4対1で分割すると，政府出資金の額はさらに大きくなる。

この政府出資金については配当を支払わないでもよく，そのために，貸付金利を，それがない場合に比べて，低くすることが可能である。いわば，毎年，貸付金利を低くできる。これが補助金であることは言うまでもない。政府出資金がある限りにおいて，「商工中金は……補助金に依存しているわけではない」，ではなく，逆に，補助金に依存しているのであり，したがって，その限りで，

「容易に民営化可能」，ではなく，逆に，不可能なように思われる。膨大な政府出資金ナカリセバ，商工中金の機能は不可能なように思われるのである。

検証すべきは，政府出資金による補助金に依存した業務の必要性如何である。その便益そして，便益と費用との比較考証である。

## 4－6　公営企業金融公庫

上記は，「公営企業金融公庫の機能は，地方債市場を発展させることで代替可能であり」，と述べている。しかし，代替可能とは思われない。

その資金計画（『財政金融統計月報』591号68頁，615号62頁，639号63頁）から明らかなように，公営公庫は，毎年，法律により，貸付財源の一部として，公営競技納付金を受け入れている。この納付金は返済義務がなく，他方，貸付財源となっている限りにおいて，出資金と同様である。しかも，配当相等のものを支払う義務がなく，つまり，調達コストがゼロであり，広義で財政補助と言ってよい。

この公営競技納付金は，その貸借対照表（『財政金融統計月報』623号130頁，639号63頁）から明らかなように，基本公営企業健全化基金として，各時点において過年度から累積されたものとしての財政補助をなす。つまり，ストックとしての財政補助をなし，公営公庫の低利融資を可能にしている。

他方，その損益計算書（『財政金融統計月報』623号131頁，639号64頁）から明らかなように，公営公庫は，平成12年度までは毎年，一般会計から補助を受け入れ，13年度以後は，これに代わって，公営企業健全化基金の一部を取崩して受け入れている。これは，調達金利と運用金利との差額の一部を補填するものとしての利子補給金をなす。いわばフローとしての財政補助を意味する。これは，公営企業納付金が，出資金の性格が，一部，利子補給金に変質したことを意味する。

この取崩しにしたがって利子補給金への一部変質は，過年度分に関することであるが，各年度について，解しても全く同様である。先の資金計画（『財政金融統計月報』591号68頁，615号62頁，639号63頁）における公営競技納付金のうち，上の損益計算書（『財政金融統計月報』623号131頁，639号64頁）における，公営企業健全化基金より受入の相当額が，各年度の利子補給金として支出され，残部と，取崩しの取消額との合計額が，貸付財源と解しても全く同様である。先の貸借対照表（『財政金融統計月報』623号130頁，639号63頁）における，基本公営企業健全化基金の年々の動向は，この点を物語っている。

ともあれ，フローとストックの二つの財政補助によって，公営公庫の低利貸付が可能となっている。この財政補助の相等額を，地方債市場は負担する義務はなく，したがって，公営公庫と同様の低利貸付を行う義務もない。そういう意味で，公営公庫の機能を地方債市場は代替不可能と思われる。

検証すべきは，財政補助による便益である。その上で，便益と財政補助との比較考証である。便益も，財政補助も，いずれも明確にすることなく，「廃止すべきである」，という結論は，導出不可能である。

## 4－7　農林漁業金融公庫

上記は，「農林漁業金庫の機能は，農協や地銀によって十分代替可能」，と述べている。しかし，代替可能とは思われない。

そもそも，農林公庫は，その損益計算書（『財政金融統計月報』623号92頁，639号69頁）から明らかなように，毎年度，一般会計から多額の財政補助を受けており，つまり，フローとしての財政補助を受けている。他方，農林公庫は，その貸借対照表（『財政金融統計月報』623号92頁ならびに639号68頁）から明らかなように，一般会計と産業投資特別会計から，過年度から現在にかけて政府出資を受けており，これは，各時点における財政補助を意味している。この二つの財政補助によって，農林公庫は，低利融資が可能となっている。

しかるに，農協や地銀は，この農林公庫への財政補助を，自己で負担する義務はないし，従って，農林公庫の低利融資と同等の融資を行う義務はない。かような意味で，農林公庫の機能を，農協や地銀は，代替不可能なのである。

行うべきは，農林公庫への財政補助と，それによる便益との比較考証である。特に，便益の検証である。かような検証抜きに，農林公庫を，「廃止すべきである」，というのは，思考停止的である。

### ４－８　沖縄振興開発金融公庫

上記は，「沖縄振興開発金融公庫の機能も，他の金融機関によって代替可能であり」，と述べている。しかし，代替可能とは思われない。沖縄公庫は，その損益計算書（『財政金融統計月報』623号123頁，639号68頁）が示すように，毎年，一般会計から補助を受けている，つまり，フローの財政補助を受けている。他方，その貸借対照表（『財政金融統計月報』623号122頁，639号67頁）が示すように，一般会計を主とする出資を受けており，これは，過年度から現在までに累積されたストックとしての財政補助である。この二種類の財政補助によって，沖縄公庫は低金利融資が可能であった。

しかるに，かような財政補助と同等額を，他の金融機関は，自己で負担する義務はなく，したがって，そういう意味で沖縄公庫の低金利と同等のものを実行することは不可能である。代替不可能である。

なお，沖縄公庫への財政補助と同等額を，他の金融機関に付与し，沖縄公庫を廃止したとしても，それは，実質的には，廃止したことにはならず，以前と同じ状態の存続でしかない。

やはり，基本的に論ずべきは，財政補助と，それによる便益との比較考証である。便益を全く測定することなく，たんに財政補助は負担であるというだけの理由で，廃止を主張するのでは全く意味のないことである。かような主張こそ，廃止すべきである。

## ５　おわりに

政府系金融機関の改革とは，当り前のことだが，現実における改革である。そうであるならば，政府系金融機関の現実に関する分析が必要不可欠である。単に，改革の原則を繰返し指摘するのではなく，その原則の現実妥当性を分析することである。特に，各機関の便益を分析することである。それによって，補助金というコストとの対比が可能になる。若き俊秀による緻密な分析を期待したい。

# 第6章　補　論
# 政府系金融機関の改革について

## 1　はじめに

ここでは，朝日新聞（益満雄一郎）[2007] を検討する。これは，「小泉内閣で経済財政担当相として政府系金融改革の『旗振り役』を務めた竹中平蔵・慶大教授」，に対する，朝日新聞の益満雄一郎という方の署名入り記事の，質疑応答である。竹中教授が執筆されたものの検討ではなく，あくまで朝日新聞の記事の検討であることを，あらかじめお断りしておく。なお，竹中平蔵教授に関しては，宇沢弘文・内橋克人 [2009] 75－77頁を参照されたい。

2007年２月23日（金曜日）の『朝日新聞』は，次の実線で囲んで掲げたもののように，見出しを付け，解説を行い，「小泉内閣で経済財政担当相として政府系金融改革の『旗振り役』を務めた竹中平蔵・慶大教授」，への質疑応答を行っている。本補論では，この質疑応答を，順に，実線で囲んで引用しつつ（質疑応答の前の小見出しは筆者によるものである），その際に，質疑にはその直前に横線を付け，応答は鉤括弧を付け，それぞれ検討することにし，このときも引用文には鉤括弧を付けることにする。

竹中平蔵・慶大教授に聞く
経営トップ民間人に融資残高圧縮議論を
政府系金融再編「骨抜き」

政府は２月中にも政府系金融機関の再編を盛り込んだ関連法案を国会に提出する。政府系金融機関改革は，郵政民営化に続く小泉内閣の目玉として注目を集めたが，その後の法案作成では政府の関与を残そうとする中央省庁の抵抗で，当初の基本方針が「骨抜き」にされる可能性が出てきた。小泉内閣で経済財政担当相として政府系金融改革の「旗振り役」を務めた竹中平蔵・慶大教授に問題点や課題を聞いた。

（益満雄一郎）

**政府系金融機関の再編の流れ**

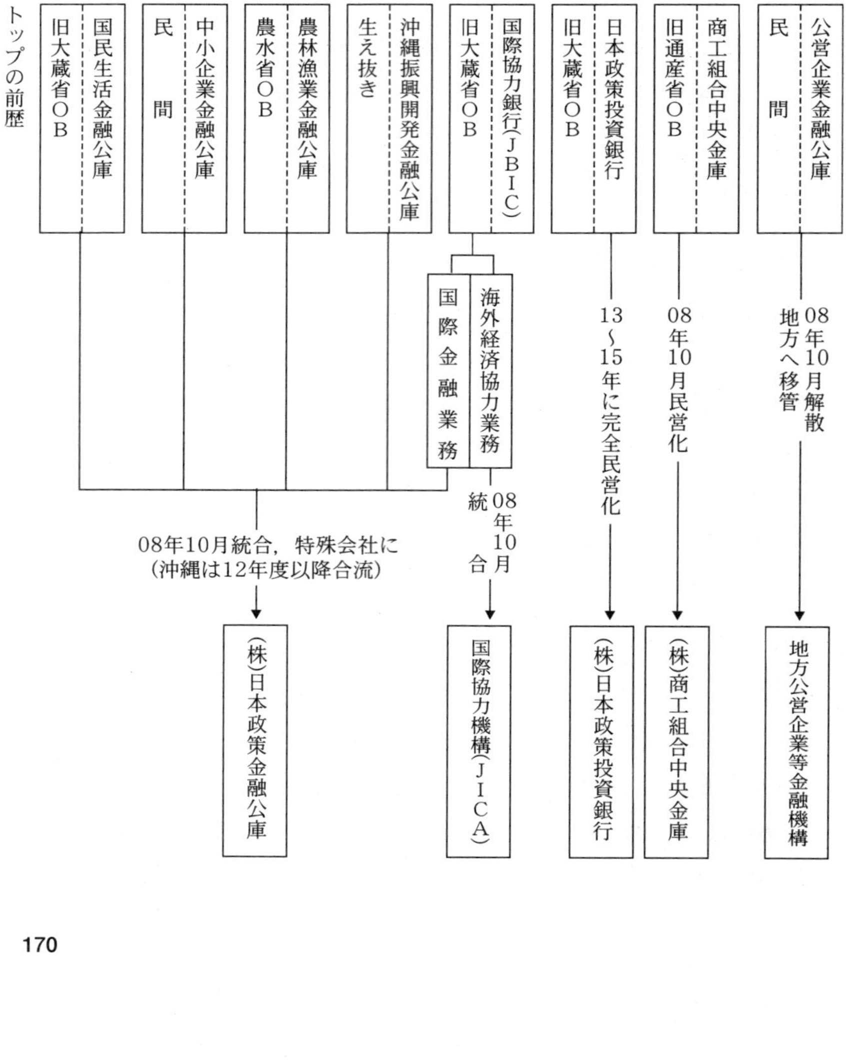

**政府系金融機関改革**

8政府系金融機関のうち，5機関を統合，2機関を民営化，1機関を解散する。肥大化した公的金融を縮小し，民業圧迫を解消すると共に，政府保有株式を売却し，財政再建に役立てることなどが狙いだ。郵政事業で集めた資金が巨額の公的金融の入り口とすれば，政府系金融機関は出口にあたる。

小泉前首相は05年，統廃合を決定。政府内で約1年をかけて法案の作成が進んでいた。

## 欧米が基準

――なぜ，政府系金融機関の改革が必要なのでしょうか。

「二つの意味で改革は必要だった。一つは『大きな政府の象徴』だったこと。国内総生産（ＧＤＰ）に対する政府系金融機関の融資比率は，欧米の政府系金融の２～４倍と肥大化していた。もう一つは政府系金融機関が八つもあり，所管官庁からの天下りの受け皿となっていたということだ。世界にこんな国はない」

「欧米の政府系金融の２～４倍と肥大化していた」，とか，「世界にこんな国はない」，とか述べているが，なぜに，欧米が最適で基準になり，日本はそうでないのか，という点の解明が望まれる。日本には日本なりの，また，欧米には欧米なりの基準があってもよいと思われるが，なぜに，統一される必要があるのだろうか。よしんば統一される必要があるとしても，欧米が日本に合わせることなどには，全く考慮の余地がないのか，解明が望まれる。

## 官僚の抵抗

——政府の経済財政諮問会議は05年に「政策金融機関トップへの天下り廃止」を基本方針で決めましたが，法案では抜け落ちました。

「最大，最高の天下り先を奪われる官僚の抵抗は，郵政民営化以上にすさまじいものがあった。今も抵抗が続いている。特に日本政策投資銀行と商工組合中央金庫のトップは民営化後直ちに民間人にするべきだ」

「官僚の抵抗」，が，たんに「天下り先」，の確保であるならば，国益を蔑ろにして私益を優先させているとして，官僚諸氏が非難されて当然だろう。しかし，「官僚の抵抗」，が政策的必要性を主張して行われているならば，その主張の是非も検討せずに，政府系金融機関の存続が「天下り先」，の確保のために主張されている，と決めつけることは，単なる誹謗中傷でしかなく，誣告罪で訴えられても仕方がない。政策的必要性が主張されていないか否か，また，主張されているとしたらいかなる意味で，その主張に政策的正当性なり整合性がないのか，の解明が望まれる。

## 政策金融機関の棲み分け

——法案では，民営化後の商工中金の株主を中小企業とその団体などに制限する内容が盛り込まれました。

「経済産業省が影響力を残したいから，中小企業を守るということを盾に，そうしたのだろう。中小企業に対する金融機能は（統合される）日本政策金融公庫にもある。必ずしも商工中金でやる必要はない」

「中小企業に対する金融機能は日本政策金融公庫にもある。必ずしも商工中金でやる必要はない」，と述べているが，従来，中小企業金融公庫の貸付限度額は，国民生活金融公庫のそれの10倍として，両公庫の間では棲み分けが行われてきたし，また，両公庫に対して商工組合中央金庫は中小企業者の組合なり団体なりを貸付対象として，棲み分けが行われてきた。このような棲み分けに対する解明，そして評価が望まれる。

## 政府の介入

――政投銀と商工中金は完全民営化までの移行期間中も，政府の関与が残ります。

「郵政民営化でも，移行期間を設けたが，『ゆうちょ銀行』と『かんぽ生命保険』は，政府の関与が強い特殊会社にしなかった。ところが，政府系金融機関は官僚の抵抗で特殊会社になり，政府の介入を堂々と許す仕組みになってしまった」

「政府系金融機関は官僚の抵抗で特殊会社になり，政府の介入を堂々と許す仕組みになってしまった」，と述べているが，なぜに「政府の介入」，が望ましくなかったのか，また，望ましくないのか，の解明が望まれる。

## 議論不足

――１機関に統合される日本政策金融公庫の融資残高は，単純合計で約30兆円と大手銀行のりそなグループに匹敵する規模になります。

「政府系金融機関改革でＧＤＰに占める融資残高の規模を半分にしたが，諸外国と比べ，まだ大きいという批判がある。中期的にどれぐらい圧縮するのか，どういう分野に特化するのか，さらに議論すべきだ」

「政策目的を達成する手段は政策金融以外にも，税制や補助金がある。政府が直接やるほうがいいのか，政府系金融機関を活用したほうがいいのかの議論も足りない。このままでは，また政府系金融機関の融資が増え，肥大化する恐れがある」

「諸外国と比べ，まだ大きいという批判がある」，と述べているが，本当に，そのような批判があるのか，また，あるとしても，先にも述べたように，なぜに諸外国が最適なものとして基準になり，日本がそれに同調するのが望ましいのか，という点について説明が望まれる。

「政策目的を達成する手段は政策金融以外にも，税制や補助金がある。政府が直接やるほうがいいのか，政府系金融機関を活用したほうがいいのかの議論も足りない」，という認識については全く異論がない。むしろ，「議論も足りない」，儘に，本稿の質疑応答の第一の引用部分のように「二つの意味で改革は必要だった」，という主張が行われ，第二の引用部分のように「日本政策投資銀行と商工組合中央金庫のトップは民営化後直ちに民間にするべきだ」，という主張が行われ，第三の引用部分のように「中小企業に対する金融機能は日本政策金融公庫にもある。必ずしも商工中金でやる必要はない」，という主張が行われ，そして第四の引用部分のように「政府系金融機関は官僚の抵抗で特殊会社になり，政府の介入を堂々と許す仕組みになってしまった」，という批判が行われているように思われる。議論不足を自認するにも拘らず，かような主張や批判が可能なのは，摩訶不思議以外の何物でもない。

## 政策金融と経済の成長力

――骨抜きを許したのは政治のリーダーシップが欠如しているのではないでしょうか。

「安倍首相は（政策金融を活用して）経済の成長力を高めることに非常に強い情熱を持っている。むしろ，それを支えて実行に移す人たちに頑張ってほしい。改革がきちんと実行されているか，監視する仕組みをつくることが必要だ。まだ，完全民営化できるかわからない。今は『する』と言っているだけだ」

「（政策金融を活用して）経済の成長力を高める」，と述べ，いかにも，改革される政策金融は，経済の成長力を高めるが，従来の政策金融は，経済の成長力を阻害するかのごとく述べている。しかし，バブル崩壊以前の戦後50年の経済成長過程において，本当に，政策金融が，その阻害要因であったのか，検証が望まれる。検証抜きでは，意味がないのである。

## 2　おわりに

竹中教授が言われるがごとく，「政策目的を達成する手段は政策金融以外にも，税制や補助金がある。政府が直接やるほうがいいのか，政府系金融機関を活用したほうがいいのかの議論も足りない」，というのは事実である。より地道な検証が，若き俊秀によって行われることを期待したい。

# 参考文献


赤井伸郎・佐藤主光・山下耕治［2003］『地方交付税の経済学』有斐閣。

朝日新聞（益満雄一郎）［2007］「竹中平蔵・慶大教授に聞く　政府系金融再編『骨抜き』」『朝日新聞』2007年２月23日。

跡田直澄編著［2003］『財政投融資制度の改革と公債市場』税務経理協会。

石原信雄［2000］『新地方財政調整制度論』ぎょうせい。

井堀利宏［1997］「税制改革と地方分権」『日本経済新聞』1997年10月14日，15日，16日，17日，20日，21日，22日，23日，24日。

井堀利宏［1999］『経済学で読み解く日本の政治』東洋経済新報社。

逸見幸司［2009］「図解地方税　平成21年版」大蔵財務協会。

岩田一政・深尾光洋編［1998］『財政投融資の経済分析』日本経済新聞社。

上野千鶴子・加藤周一［2008］「耕論　われわれはどこへ」『朝日新聞』2008年１月６日。

宇沢弘文・内橋克人［2009］『始まっている未来　新しい経済学は可能か』岩波書店。

内堀節夫［1999］『公的金融論』白桃書房。

岡本全勝［2002］『地方財政改革論議』ぎょうせい。

岡本全勝［2003］『新地方自治入門』時事通信社。

川窪俊広［2005］「『税源移譲』を理解するための基礎的知識」『地方税』2005年12月号。

川窪俊広［2005］「三位一体改革の『全体像』と平成17年度の改革内容」『地方税』2005年１月号。

川村栄一［2009］『地方税法概説』北樹出版。

川村栄一編著［2009］『地方税　平成21年度版』清文社。

河野惟隆［1993］『財政投融資の研究』税務経理協会。

河野惟隆［1995］「国庫支出金・地方交付税による地域間所得再分配」杉浦克

巳他編『市場社会論の構想』社会評論社。
河野惟隆［1997］「財政投融資の解体論」『公益事業研究』第49巻第1号。
河野惟隆［1998］「地方分権と現行国庫補助制度」『公益事業研究』第50巻第2号。
河野惟隆［1999］『地方財政の研究』税務経理協会。
河野惟隆［2000］「財政投融資の抜本的改革案」『公益事業研究』第52巻第2号。
河野惟隆［2004］『地方交付税の特定財源的性格と地域間所得再分配』筑波大学『経済学論集』第51号。
小塩隆士［2002］『財政学』新世社。
小西砂千夫［2002］『地方財政改革論』日本経済新聞社。
神野直彦［1996］「国と地方，対等関係構築を」『日本経済新聞』1996年4月19日。
神野直彦・池上岳彦編著［2003］『地方交付税　何が問題か』東洋経済新報社。
神野直彦編著［2006］『三位一体改革と地方税財政』学陽書房。
総務省編［2006］『地方財政白書（平成18年版）』国立印刷局。
地方交付税制度研究会編［2006］『平成18年度地方交付税制度解説（単位費用編）』地方財務協会。
地方交付税制度研究会編［2007］『平成18年度地方交付税制度解説（補正係数・基準財政収入額篇）』地方財務協会。
地方交付税制度研究会編［2008］『平成20年度地方交付税制度解説（単位費用篇）』地方財務協会。
地方税制度研究会編［2009］『地方税取扱いの手引　平成21年11月改訂』清文社。
寺崎秀俊［2005］「『経済財政運営と構造改革に関する基本方針2005』について」『地方税』2005年8月号。
寺崎秀俊［2005］「平成18年度に向けた三位一体の改革について」『地方税』2005年10月号。
寺崎秀俊［2006］「三位一体の改革の成果と税源移譲」『地方税』2006年2月号。
寺崎秀俊他［2006］「平成18年度地方税法改正法案解説」『地方税』2006年3月号。
土居丈朗［2000］『地方財政の政治経済学』東洋経済新報社。

土居丈朗［2001］「地方財政の将来」『日本経済新聞』3月5日，6日，7日，8日，9日，13日。本稿での引用は，8日分から行った。

土居丈朗［2004］『三位一体改革　ここが問題だ』東洋経済新報社。

土居丈朗［2005］「地方における財政再建――『三位一体改革』をどう生かすか」貝塚啓明・財務省財務総合政策研究所編著『財政赤字と日本経済』有斐閣。

土居丈朗［2007］『地方債改革の経済学』日本経済新聞出版社。

土居丈朗［2009］「財政出動の宴の後に――財政・税制改革」伊藤隆俊・八代尚宏編『日本経済の活性化』日本経済新聞出版社。

土居丈朗［2009－2010］「地方財政入門・財政改革の経済学vol.5」『経済セミナー』2009・12.2010・1。

土居丈朗編著［2004］『地方分権改革の経済学』日本評論社。

富田俊基［1999］『財投解体論批判』東洋経済新報社。

中里透［2009］「直轄事業負担金のあり方を巡る議論　地方分権推進につなげよ」『日本経済新聞』2009年6月12日。

西尾勝［1999］『未完の分権改革』岩波書店。

林正寿［1999］『地方財政論』ぎょうせい。

兵谷芳康・横山忠弘・小宮大一郎［1999］『地方交付税』ぎょうせい。

細野薫［2005］「大詰めの政府系機関改革」『日本経済新聞』（経済教室）2005年11月2日。

本間正明・前川聡子［2001］「地方税財政の現状と課題」本間正明・齋藤愼編『地方財政改革』有斐閣。

宮脇淳［2001］『財政投融資と行政改革』ＰＨＰ研究所。

持田信樹［2004］『地方分権の財政学』東京大学出版会。

持田信樹編著［2006］『地方分権と財政調整制度』東京大学出版会。

吉田和男［1998］『地方分権のための地方財政改革』有斐閣。

吉田和男・小西砂千夫［1996］『転換期の財政投融資』有斐閣。

# 索　引

## （あ行）



## （か行）



## （さ行）

(た行)

## 著 者 紹 介

**河野　惟隆**（こうの・これたか）

**略　歴**

筑波大学教授を経て，現在，帝京大学教授（法人税法，所得税法，財政学，地方財政）

経済学博士（東京大学）

東京大学大学院経済学研究科博士課程修了

東京大学法学部卒業

1941年生まれ

**著　書**

『法人税法の研究』税務経理協会，2009年。

『法人税法・所得税法の経済学』税務経理協会，2004年。

『法人税法減価償却の新解釈』税務経理協会，2002年。

『法人税法別表四の新解釈』税務経理協会，2001年。

『地方財政の研究』税務経理協会，1999年。

『法人税・所得税の研究』税務経理協会，1995年。

『財政投融資の研究』税務経理協会，1993年。

『The U. S. Individual Income Tax』（英文）税務経理協会，1992年。

『個人所得税の研究』税務経理協会，1987年。

『財政投融資と一般会計』御茶ノ水書房，1986年。

**共　著**

『現代日本の財政金融Ⅲ——昭和50年代——』東京大学出版会，1986年。

『現代日本の財政金融Ⅱ——昭和40年代——』東京大学出版会，1982年。

『現代日本の財政金融Ⅰ——昭和30年代——』東京大学出版会，1978年。

著者との契約により検印省略

平成22年7月15日　初　版　発　行

**地方交付税と地方分権**

| | |
|---|---|
| 著　者 | 河　野　惟　隆 |
| 発行者 | 大　坪　嘉　春 |
| 印刷所 | 税経印刷株式会社 |
| 製本所 | 牧製本印刷株式会社 |

発行所　東京都新宿区下落合2丁目5番13号　株式会社　**税務経理協会**

郵便番号 161−0033　振替 00190−2−187408　電話(03)3953−3301(編集部)

FAX(03)3565−3391　(03)3953−3325(営業部)

URL http://www.zeikei.co.jp/

乱丁・落丁の場合はお取替えいたします。



ISBN978−4−419−05488−5　C3032